Ellen Müller

D1997563

Lernvoraussetzungen für den Anfangsunterricht in Mathematik

Band 2: Numerischer Bereich

Persen

Persen Verlag GmbH

Die Autorin Ellen Müller

studierte Lehramt für die Grundschule und die Förderschule mit dem Schwerpunkt „Lernen" in Berlin und Hamburg. Als Sonderschullehrerin hat sie langjährige Erfahrungen an einer Schule für Lernhilfe gesammelt. Ellen Müller ist Autorin zahlreicher Veröffentlichungen für den Mathematik- und Deutschunterricht.

Gedruckt auf umweltbewusst gefertigtem, chlorfrei gebleichtem und alterungsbeständigem Papier

1. Auflage 2006
© by Persen Verlag GmbH, Horneburg
Alle Rechte vorbehalten.

Das Werk und seine Teile sind urheberrechtlich geschützt. Jede Nutzung in anderen als den gesetzlich zugelassenen Fällen bedarf der vorherigen schriftlichen Einwilligung des Verlages. Hinweis zu § 52 a UrhG: Weder das Werk noch seine Teile dürfen ohne eine solche Einwilligung eingescannt und in ein Netzwerk eingestellt werden. Dies gilt auch für Intranets von Schulen und sonstigen Bildungseinrichtungen.

Illustrationen: Melanie Woicke
Satz: media.design, Neumünster

ISBN 978-3-8344-**3620**-1

www.persen.de

Inhaltsverzeichnis

Einführung

Dieser Band mit Kopiervorlagen zur Schaffung von Lernvoraussetzungen für den Anfangsunterricht im numerischen Bereich knüpft systematisch und kontinuierlich an das bereits erworbene Faktenwissen im pränumärischen Bereich (Band 1) an.
Jeder Band kann eigenständig, aber auch in der Kombination von Kopiervorlagen genutzt werden. Die Konzeption des ersten Bandes betrachtet die Lerninhalte Wahrnehmung und Eigenschaften von Dingen nicht als strenge Hierarchie. Sie ermöglicht, einzelne Lernbereiche des pränumerischen Bereiches mit denen des numerischen Bereiches zu kombinieren. Sich wiederholende Übungsformen und Arbeitstechniken erleichtern den Kindern das Lernen.

Der 2. Band bietet Rechenanfängern, die im Lernbereich Mathematik einen erhöhten Förderbedarf aufweisen, die Möglichkeit, sich den numerischen Bereich anschaulich zu erschließen.
Der Einsatz der Kopievorlagen soll die konkrethandelnde Repräsentation von Mengen, Zahlen und Rechenaufgaben mit der bildhaften Repräsentation verknüpfen, um mathematische Zeichen, Begriffe, Zusammenhänge, Regeln und Rechenoperationen zu erwerben und anzuwenden. Die Lerninhalte werden den Schülerinnen und Schülern anschaulich, kleinschrittig und nachvollziehbar präsentiert.
Die Illustrationen und die Situationsbilder tragen einen hohen Aufforderungscharakter und motivieren zur aktiven Auseinandersetzung mit dem mathematischen Sachverhalt. Sie regen zum Sprechen an und fördern gleichzeitig den Aneignungsprozess.

Die bewusst gewählte Kästchen- und Schriftgröße sowie die schlichte Präsentation der Anmalbilder sichern die motorische Umsetzung der Aufgabenstellung und dienen der Förderung der Feinmotorik.
Die Aufgaben zur Zahlgewinnung sind so strukturiert, dass sie zunehmend selbstständig bearbeitet werden können. Zur immanenten Festigung der Lerninhalte kann das umfangreiche Übungsangebot verwendet werden.

Dieser Band enthält Übungs- und Anwendungsaufgaben zu folgenden Lerninhalten:

- Anschauliche Zahlgewinnung bis 6
- Zahlbeziehungen erkennen
  - Zahlen vergleichen
  - Zahlen zerlegen
  - Vorgänger und Nachfolger
  - Zahlenfolgen
- Verständnis der Rechenoperationen Addition und Subtraktion
- Münzen bzw. Geld kennen lernen
  - Wert von Münzen anbahnen
  - Münzen bzw. Scheine wechseln

Die Arbeitstechniken Nachspuren, Ausmalen, Schneiden, Verbinden und Kleben werden im Sinne der Fähigkeitsentwicklung sowie der Anbahnung von Methodenkompetenz weitergeführt. Wichtig ist, dass die Kinder während der Arbeitsphasen auch Fingerspiele oder andere Formen der Entspannung durchführen, um wieder konzentriert und mit Freude lernen zu können.

Die Zahl 1

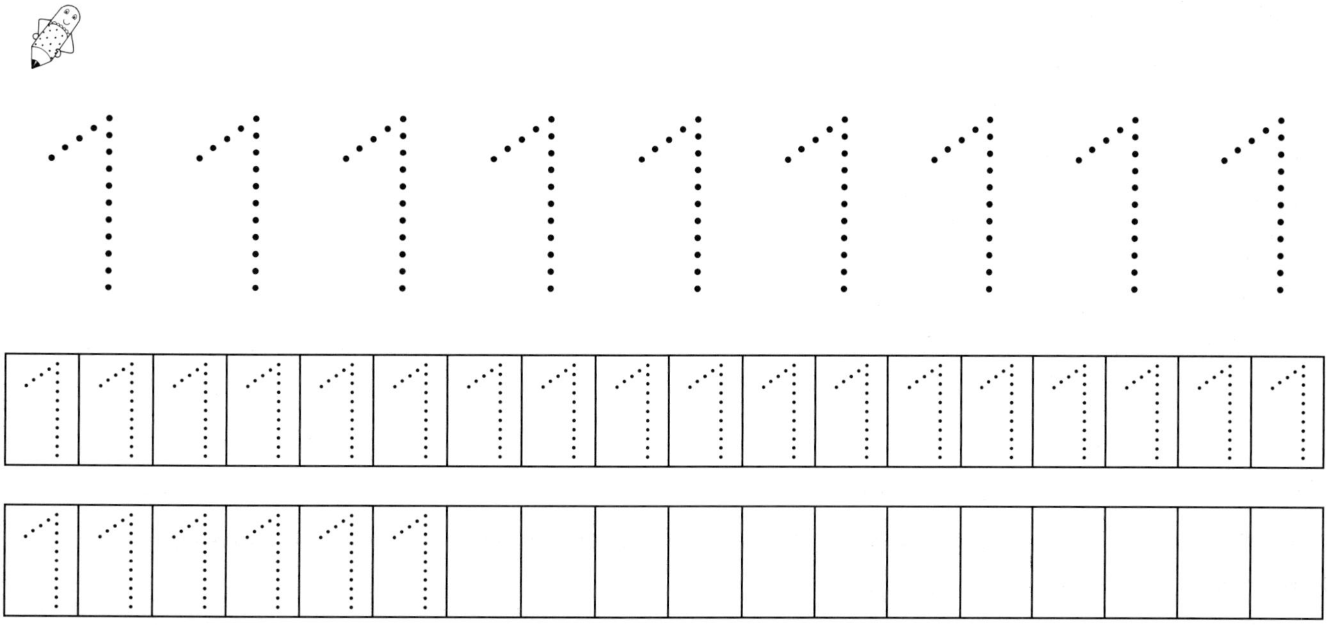

① 1er-Mengen erkennen, anmalen, Zahl (mit Daumendruck) farbig gestalten
② Zahlen nachspuren und schreiben

© Persen Verlag GmbH, Horneburg

Die Zahl 1 schreiben

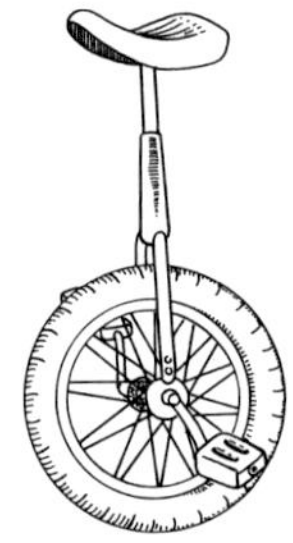

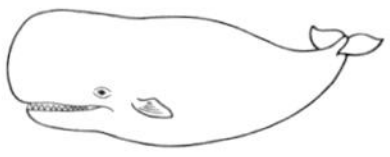

Zahlen nachspuren (im Großformat mehrfach und verschiedenfarbig), Würfelpunkt einzeichnen

© Persen Verlag GmbH, Horneburg

Die Zahl 1

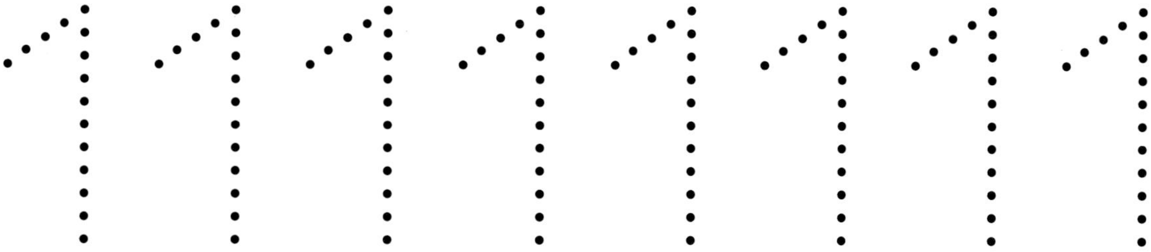

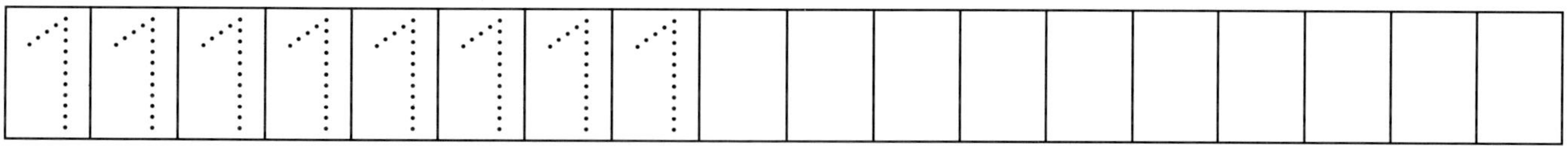

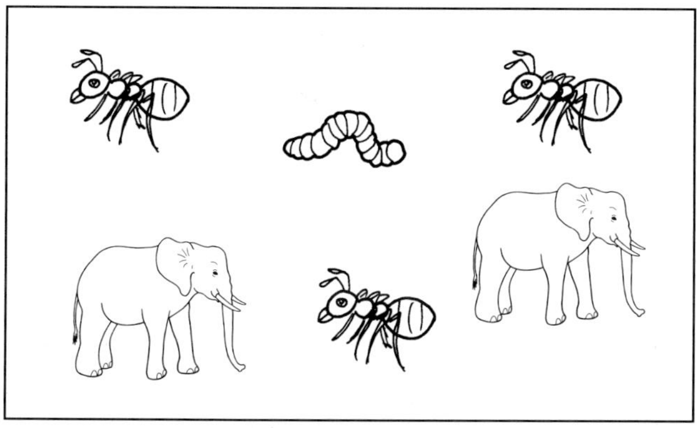

① Zahlen nachspuren, schreiben
② 1er-Mengen erkennen, anmalen

Die Zahl 1

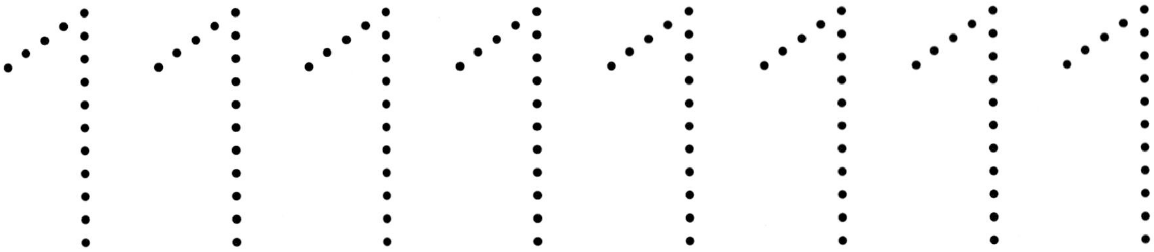

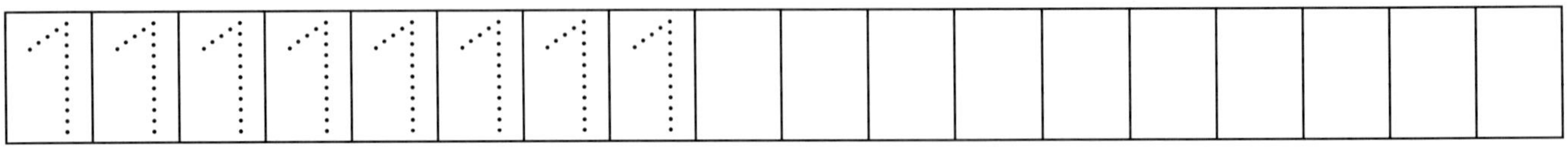

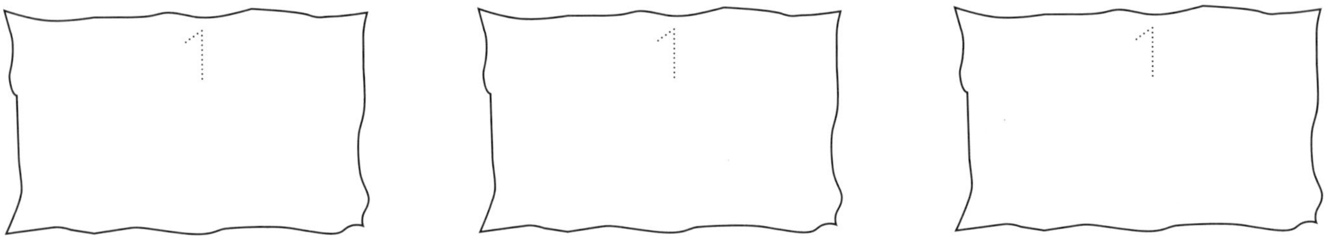

① Zahlen nachspuren
② 1er-Mengen erkennen, anmalen
③ 1er-Mengen malen

Ellen Müller: Lernvoraussetzungen für den Anfangsunterricht in Mathematik
© Persen Verlag GmbH, Horneburg

Die Zahl 1

① 1er-Mengen erkennen, anmalen

② 1er-Mengen malen

③ Zahlen nachspuren und schreiben

© Persen Verlag GmbH, Horneburg

Die Zahl 2

①

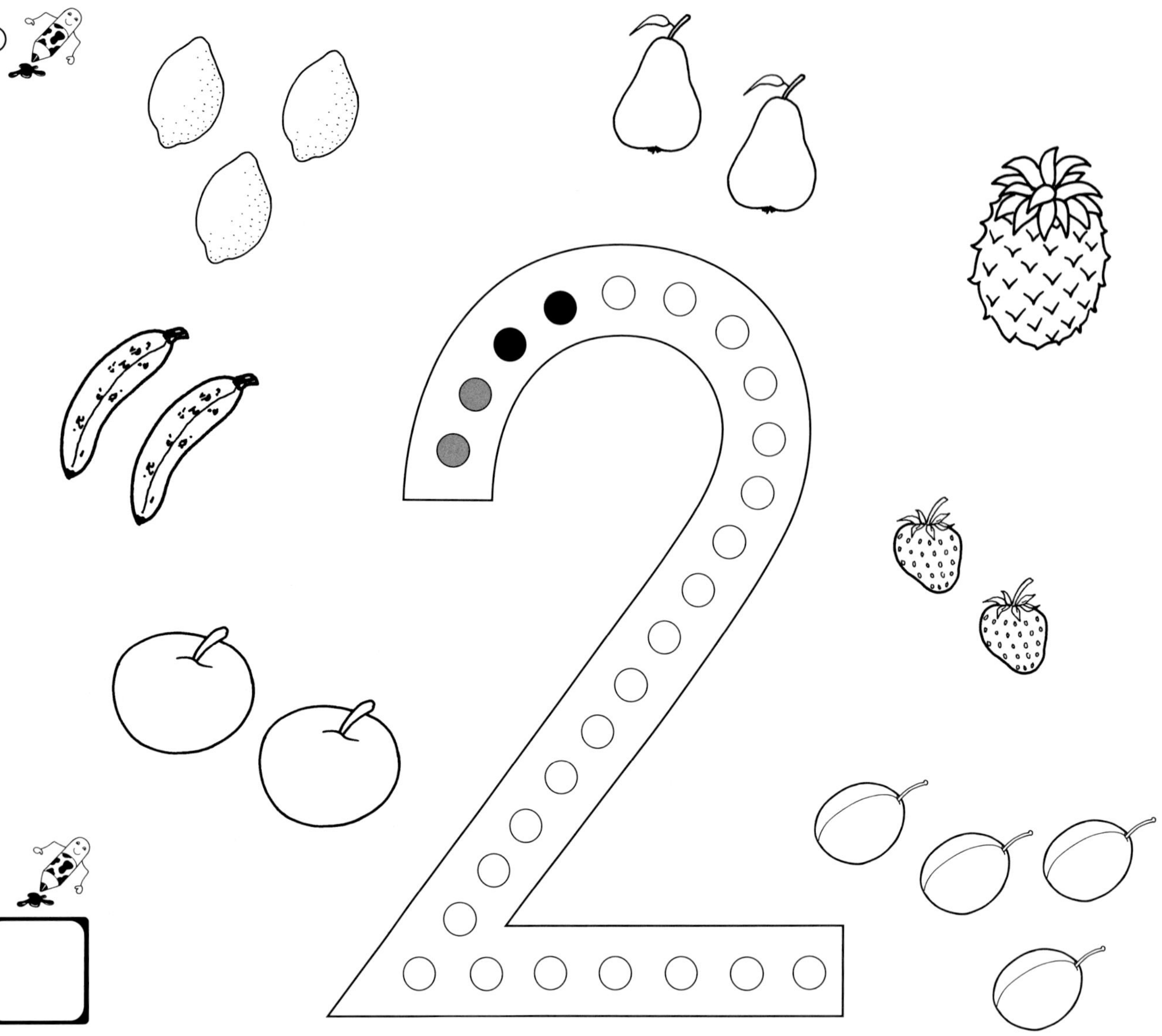

②

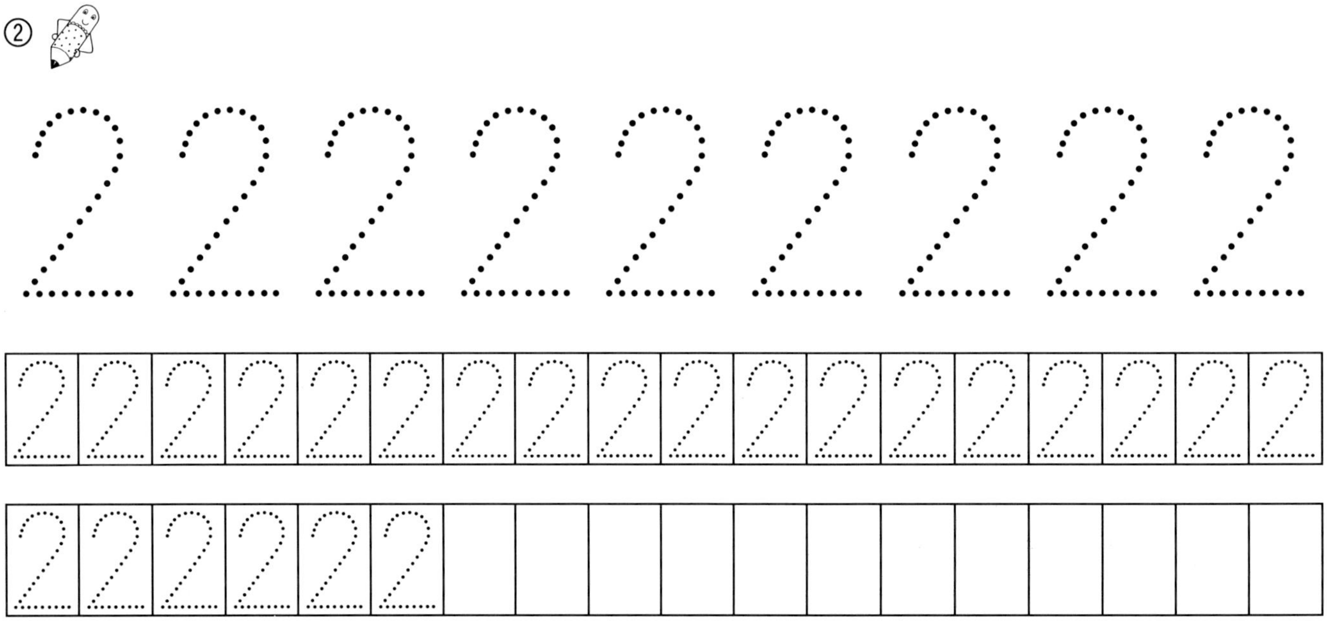

① 2er-Mengen erkennen, anmalen, Würfelpunkte einzeichnen, Zahl im Großformat nach Mustervorschlag gestalten
② Zahlen nachspuren, schreiben

Ellen Müller: Lernvoraussetzungen für den Anfangsunterricht in Mathematik
© Persen Verlag GmbH, Horneburg

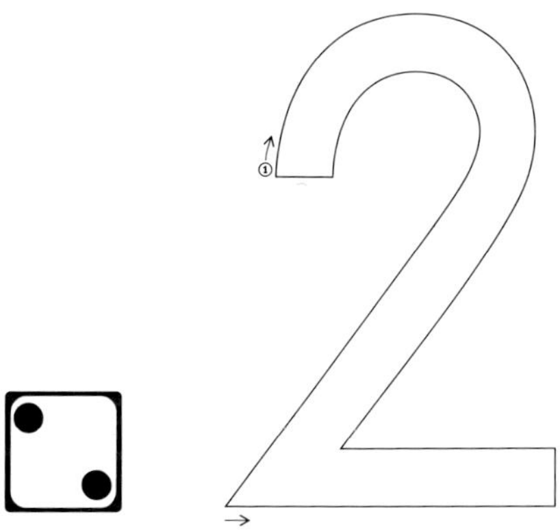

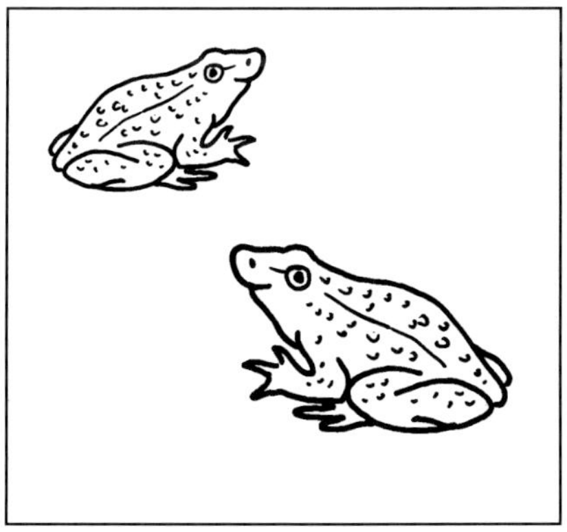

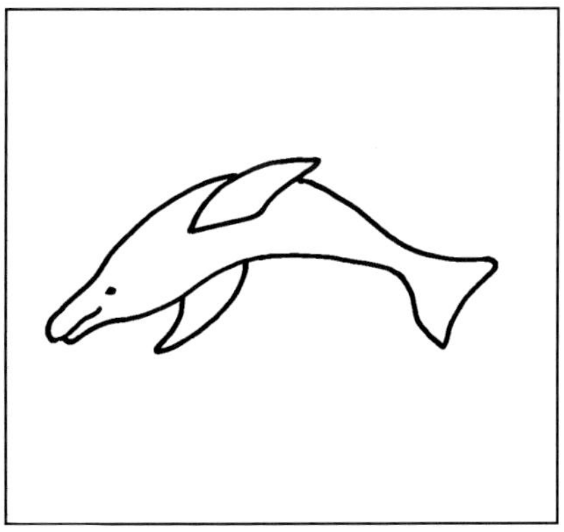

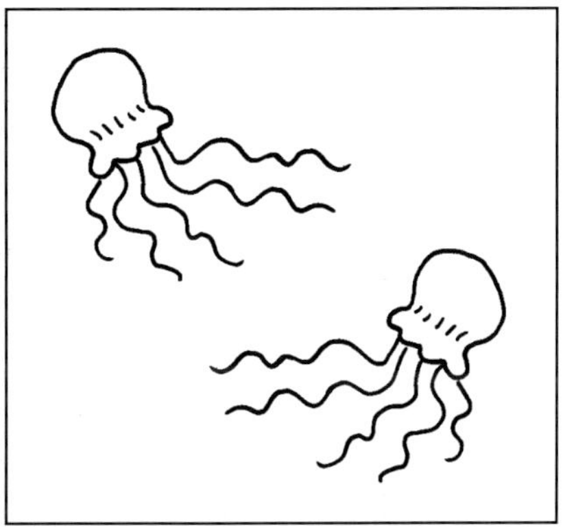

① Zahl verschiedenfarbig nachspuren, 2er-Mengenkarten ausschneiden, anmalen
② Mengenkarten der Zahl 2 zuordnen, auf AB S. 12 aufkleben

© Persen Verlag GmbH, Horneburg

Die Mengen 2

① 

②

① Zahlen mehrfach verschiedenfarbig nachspuren
② 2er-Mengen vom AB S. 11 aufkleben
③ 2er-Mengen malen (Festlegung der Form und Farbe)
④ Zahlen nachspuren

Ellen Müller: Lernvoraussetzungen für den Anfangsunterricht in Mathematik
© Persen Verlag GmbH, Horneburg

Die Zahl 2 schreiben

①

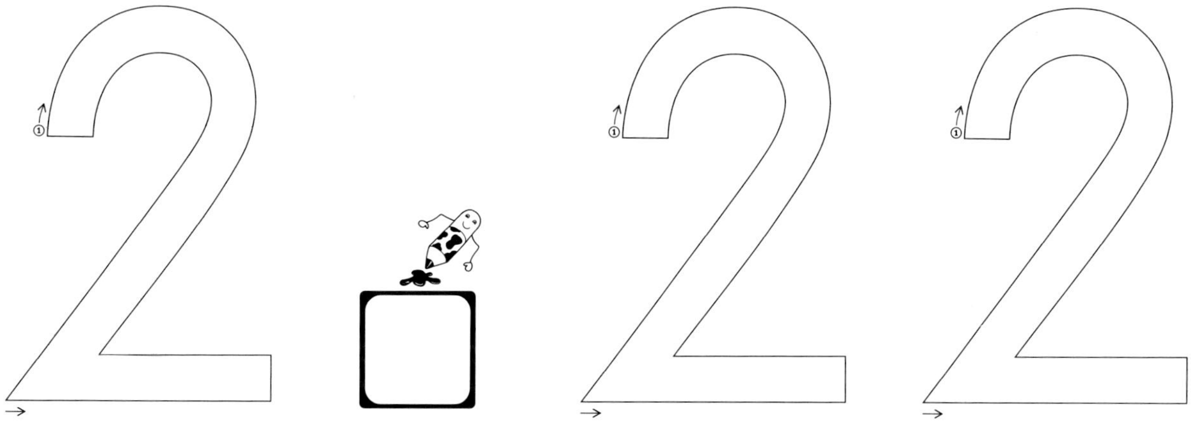

②

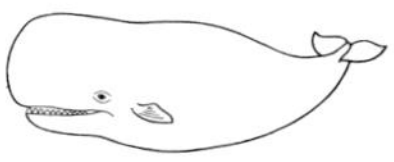

① Zahl im Großformat mehrfach verschiedenfarbig nachspuren, Würfelpunkte einzeichnen
② Zahlen nachspuren, schreiben

© Persen Verlag GmbH, Horneburg

Die Zahl 2 schreiben

①

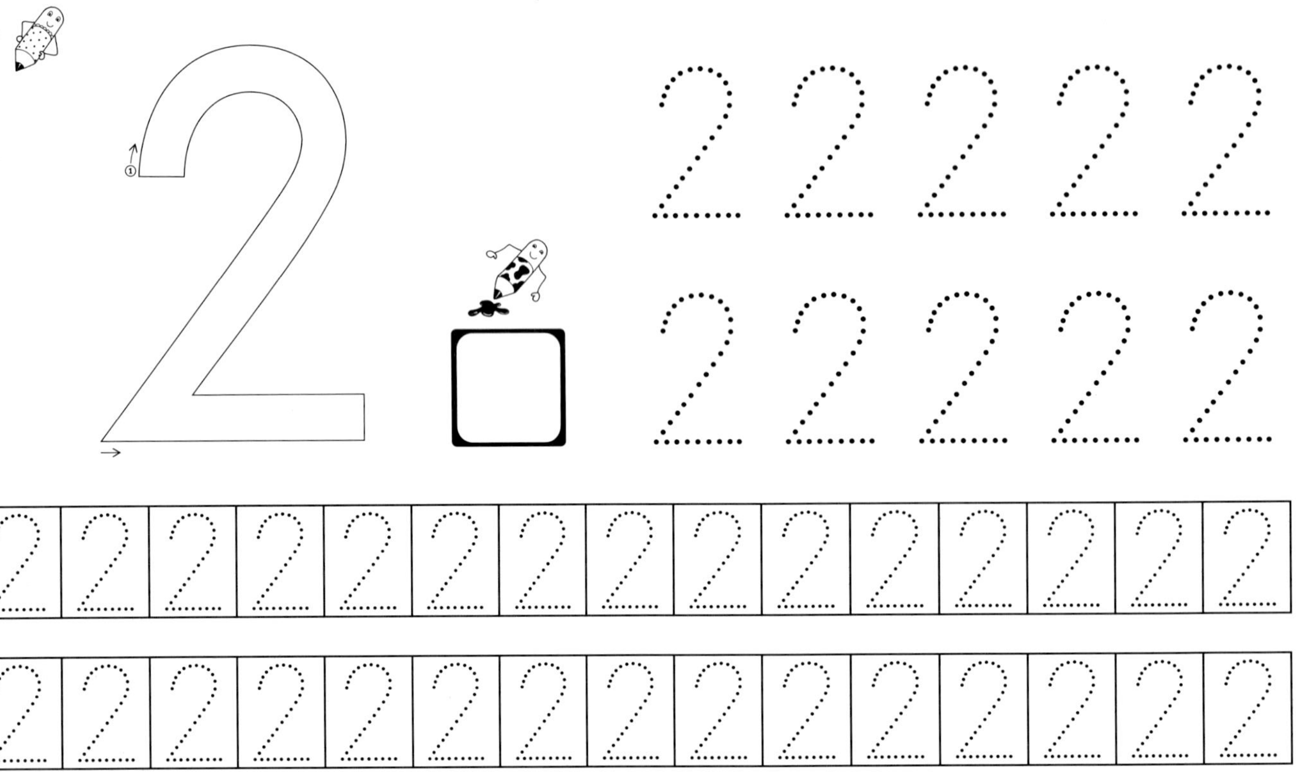

②

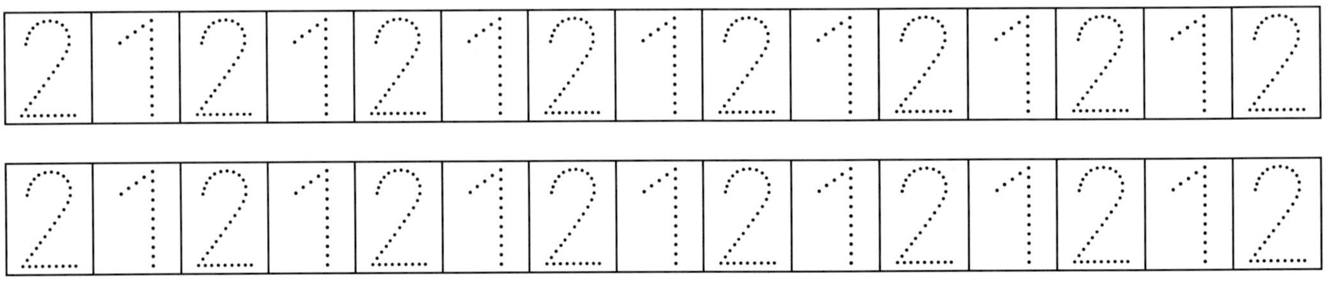

① Zahlen nachspuren, Würfelpunkte einzeichnen
② Zuordnung passender Teile
③ Zahlen nachspuren

Ellen Müller: Lernvoraussetzungen für den Anfangsunterricht in Mathematik
© Persen Verlag GmbH, Horneburg

Die Zahl 2

① 

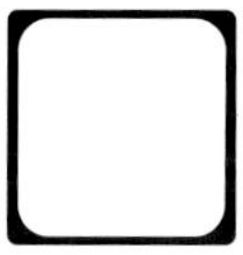

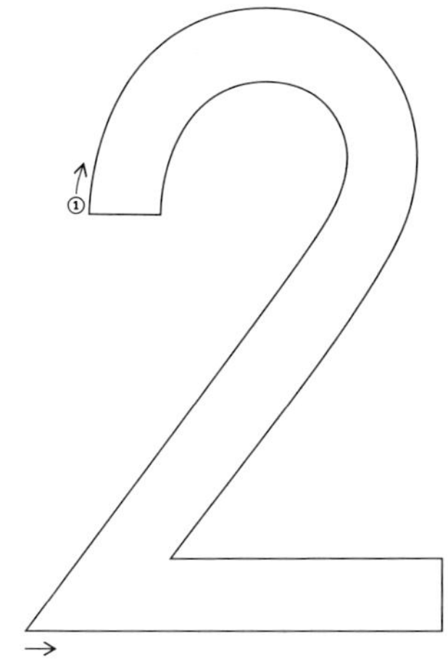

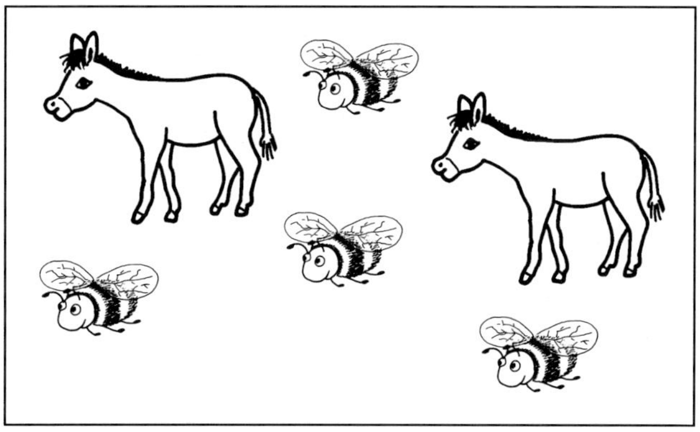

②  Male immer 2 Perlen.

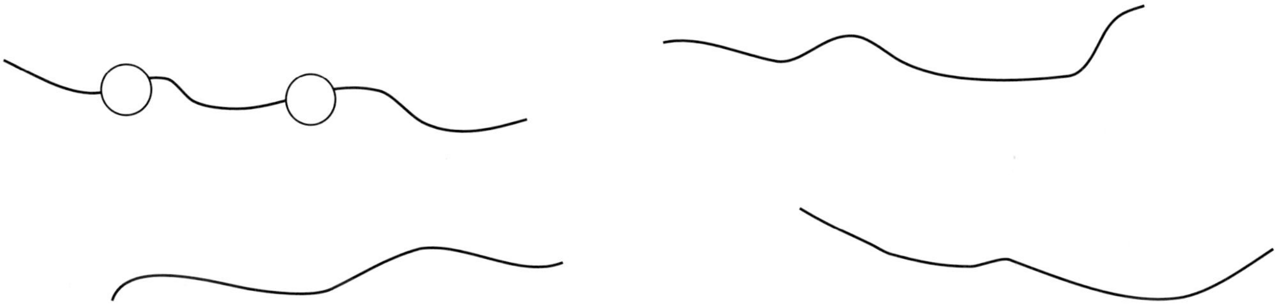

① Zahl mehrfach verschiedenfarbig nachspuren, 2er-Mengen erkennen, anmalen
② Fehlende Perlen ergänzen

© Persen Verlag GmbH, Horneburg

Die Zahl 2

①

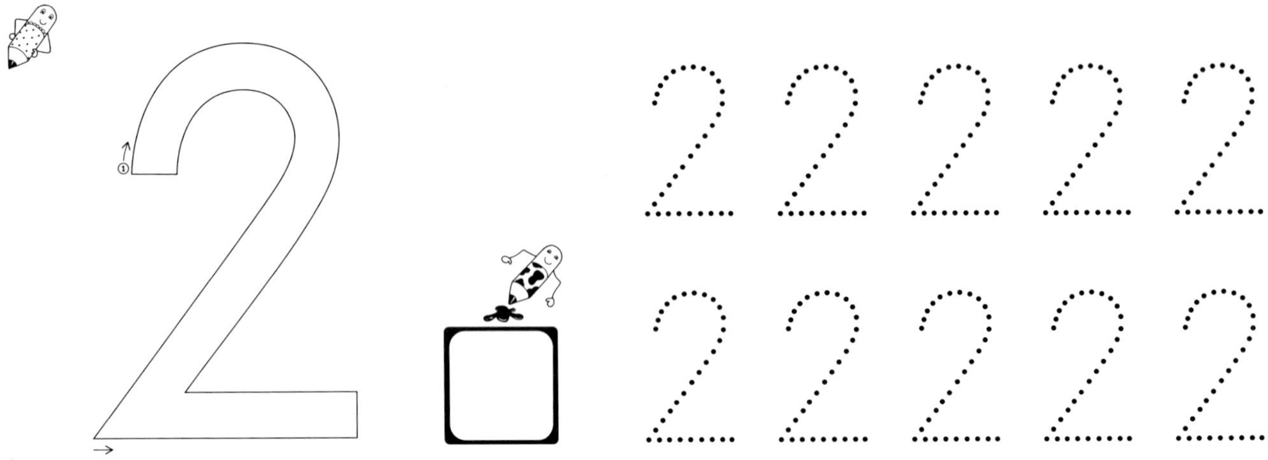

② Welche 2 sind gleich? Kreise sie ein.

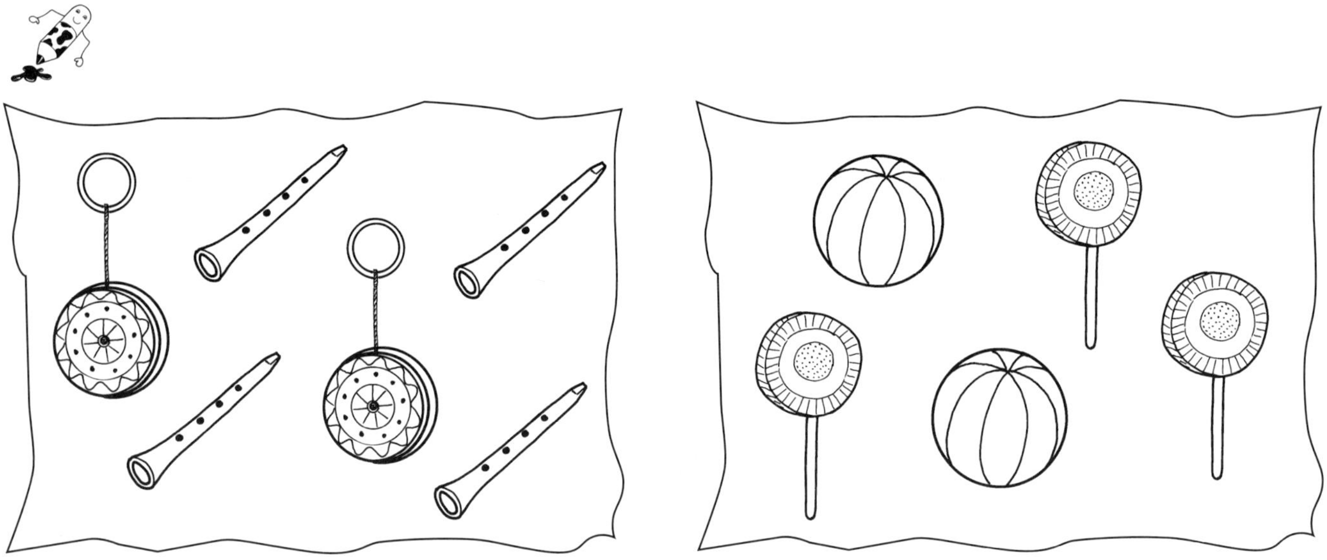

① Zahlen (im Großformat, mehrfach verschiedenfarbig) nachspuren
② 2er-Mengen erkennen, einkreisen
③ 2er-Mengen erkennen, anmalen

© Persen Verlag GmbH, Horneburg

①

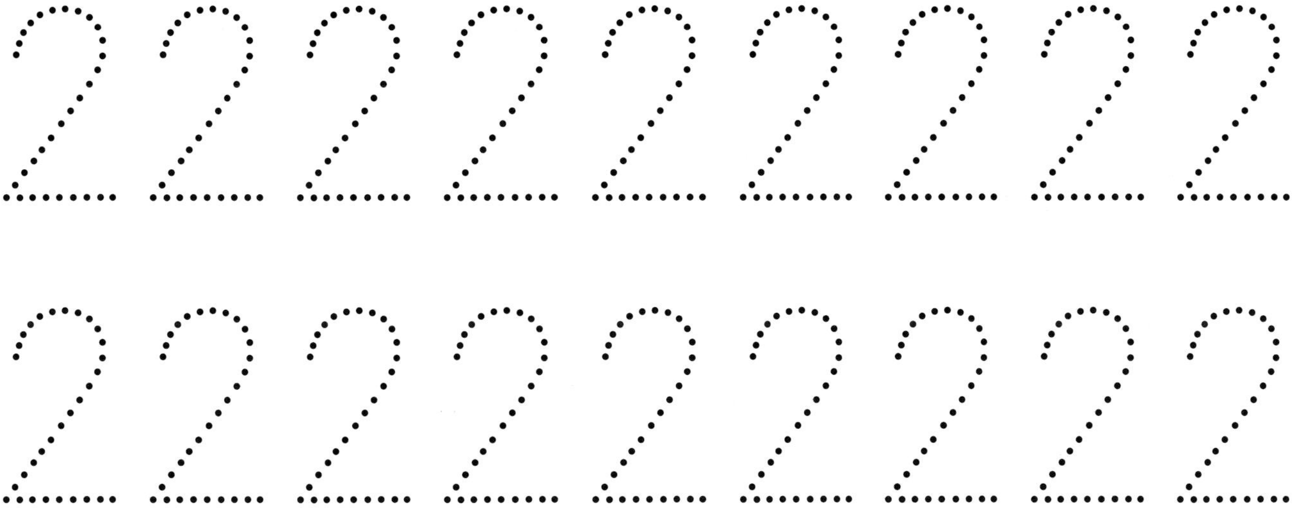

②
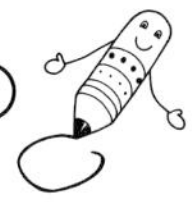

2

2

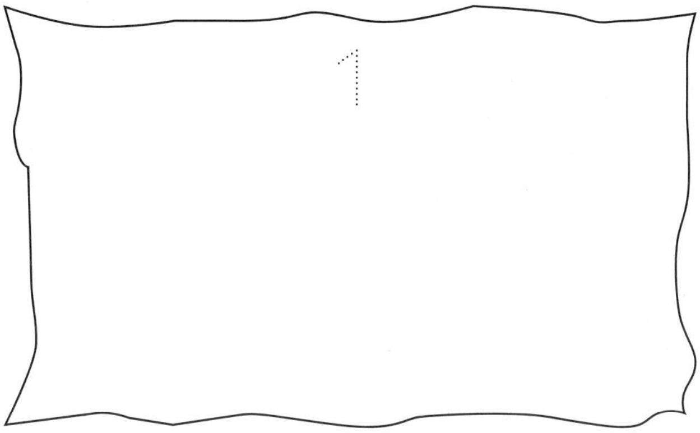

① Zahlen nachspuren
② 2er-Mengen einkreisen
③ Mengen nach Aufgabenstellung malen

Die Zahl 3

①

②

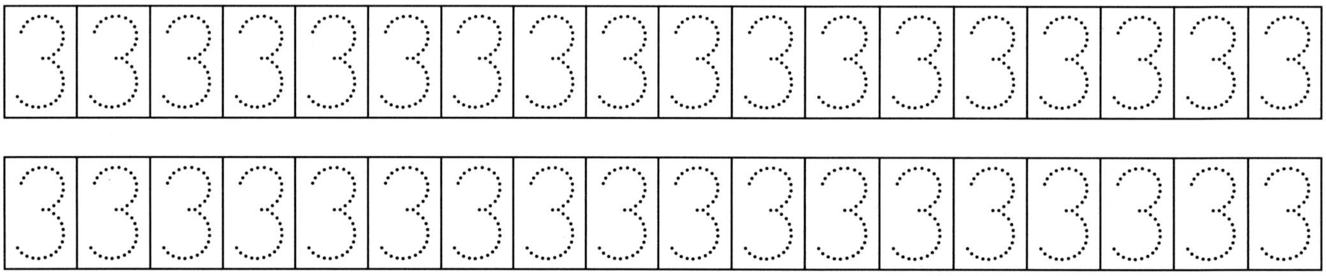

① 3er-Mengen erkennen, anmalen, Würfelpunkte einzeichnen
Zahl im Großformat lt. Mustervorschlag gestalten
② Zahlen nachspuren

Ellen Müller: Lernvoraussetzungen für den Anfangsunterricht in Mathematik
© Persen Verlag GmbH, Horneburg

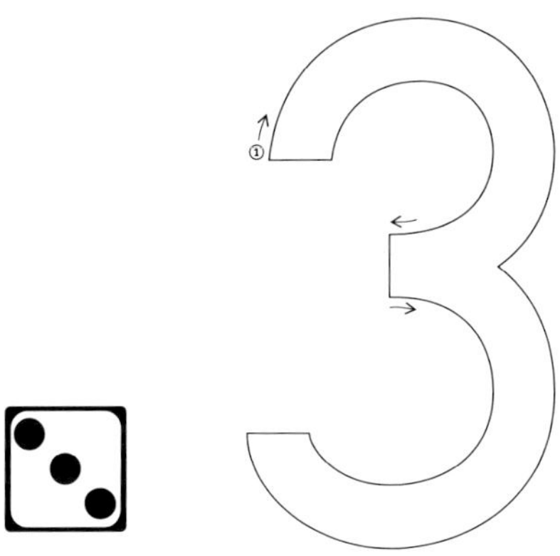

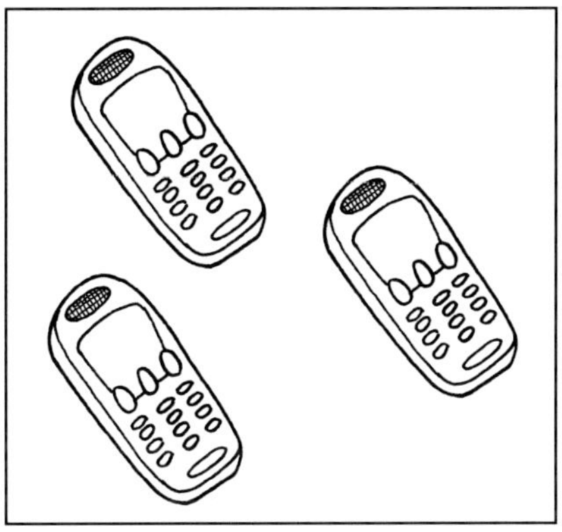

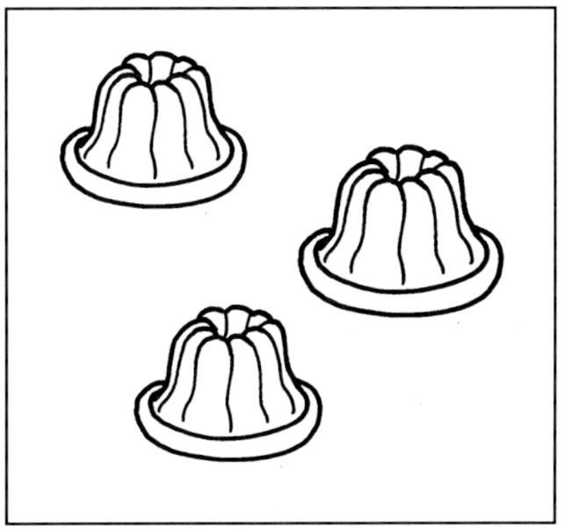

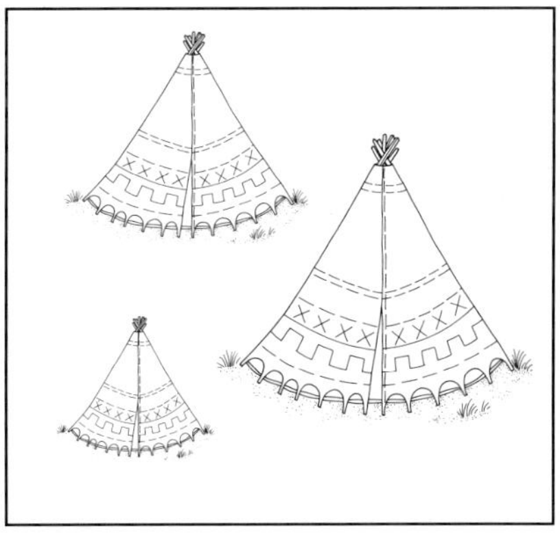

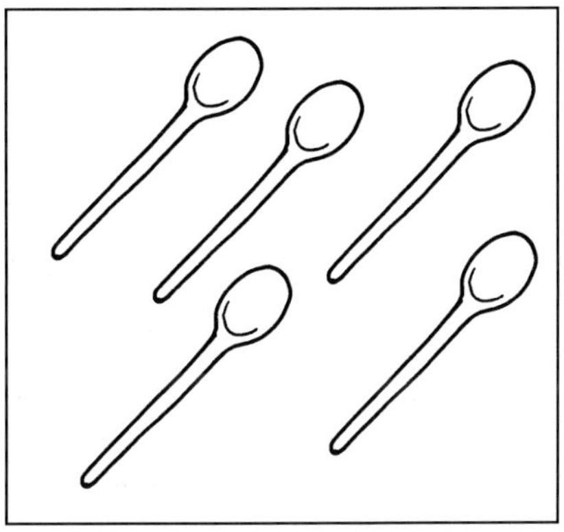

① Zahl verschiedenfarbig nachspuren, 3er-Mengenkarten ausschneiden, anmalen
② Mengenkarten der Zahl 3 zuordnen, auf AB S. 20 aufkleben

Die Menge 3

①

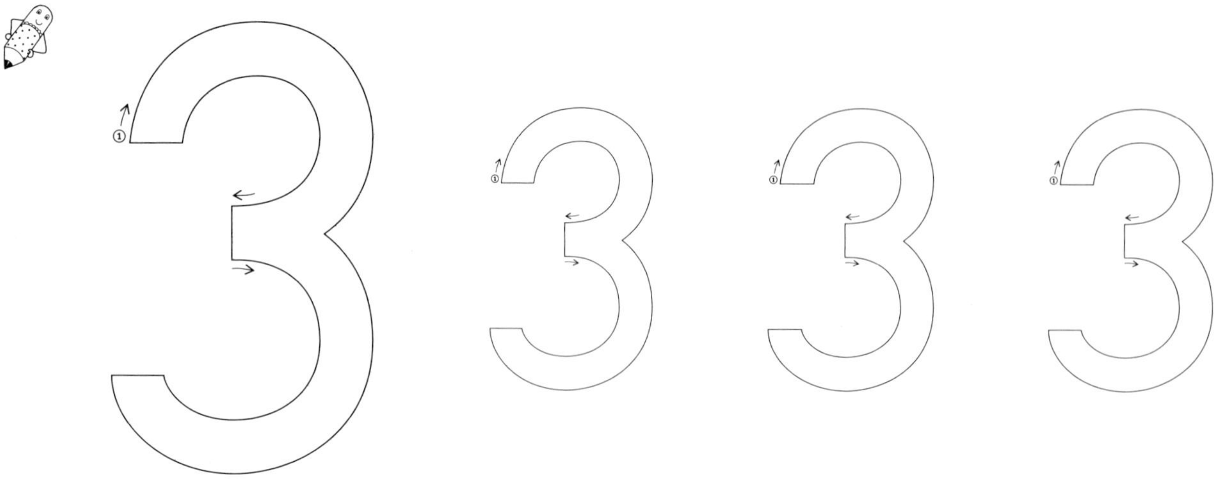

②

③

① Zahlen mehrfach verschiedenfarbig nachspuren
② 3er-Mengen vom AB S. 19 aufkleben
③ 3er-Mengen malen (Festlegung der Form und Farbe)
④ Zahlen nachspuren

© Persen Verlag GmbH, Horneburg

Die Zahl 3 schreiben

①

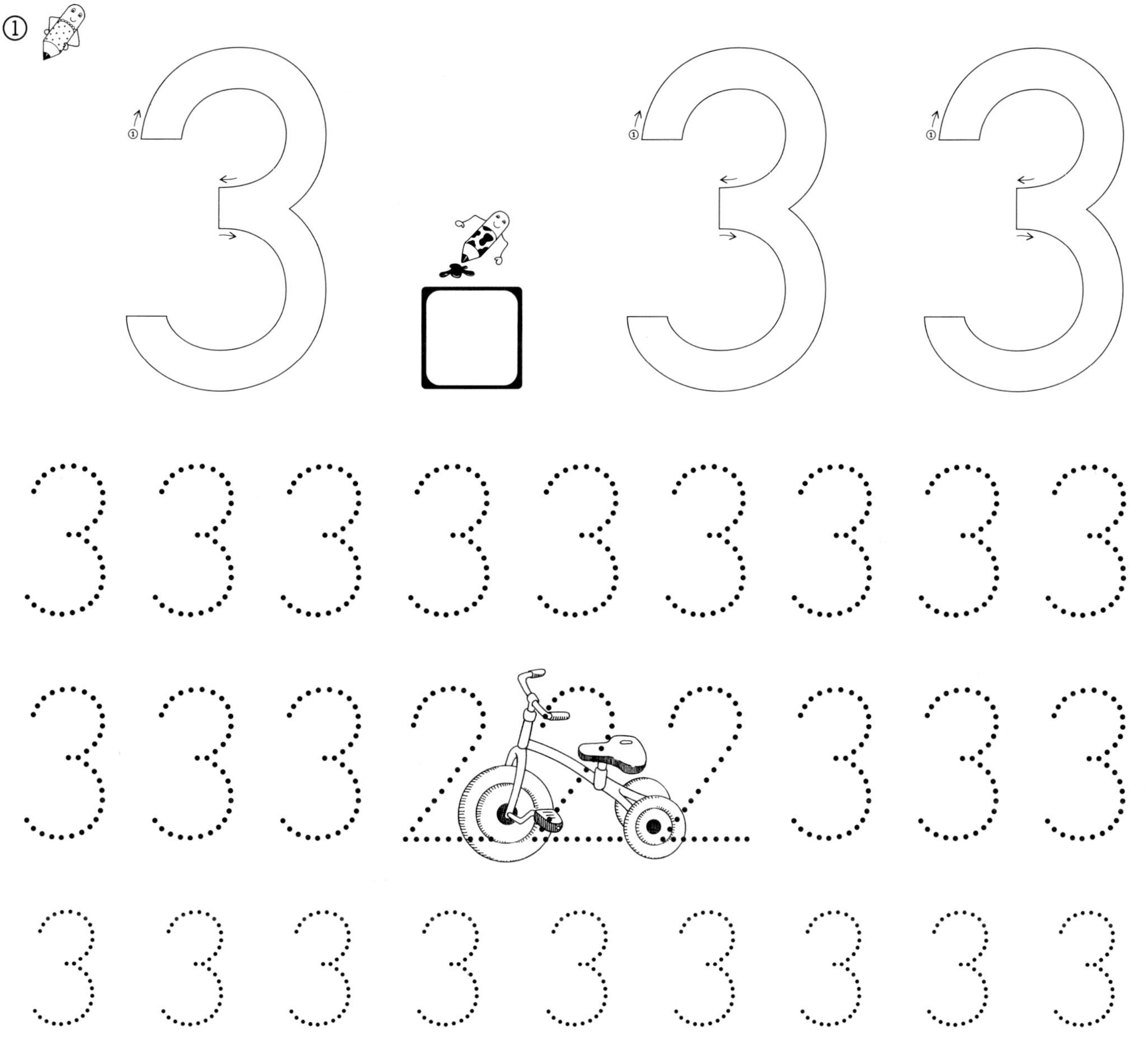

②

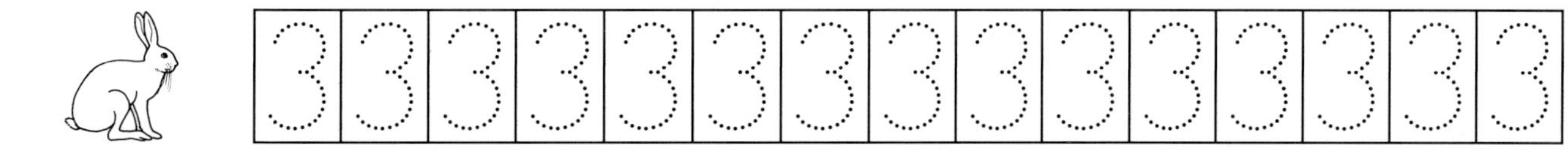

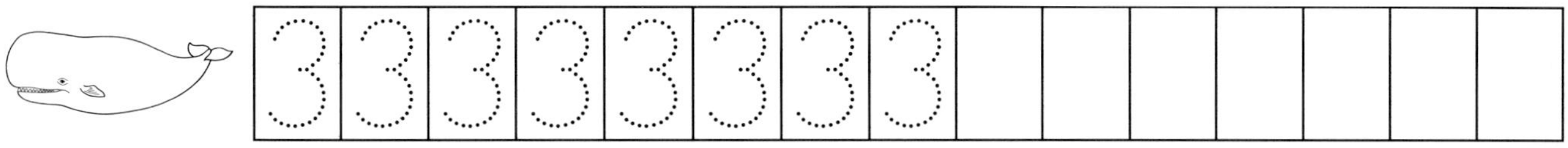

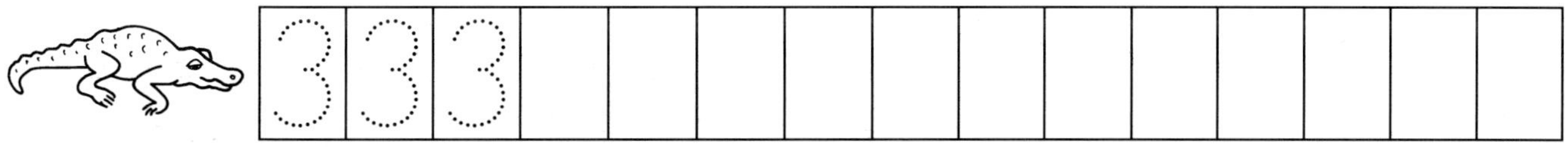

① Zahlen im Großformat mehrfach verschiedenfarbig nachspuren, Würfelpunkte einzeichnen
② Zahlen nachspuren, schreiben

© Persen Verlag GmbH, Horneburg

Die Zahl 3 schreiben

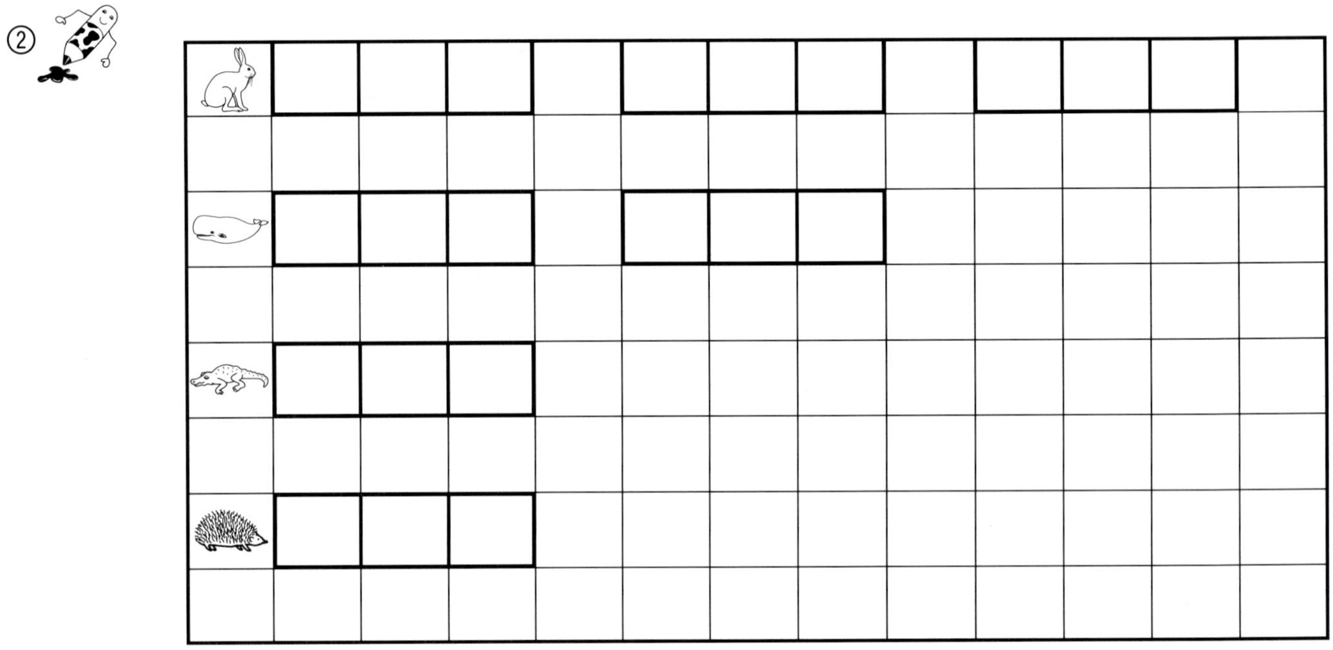

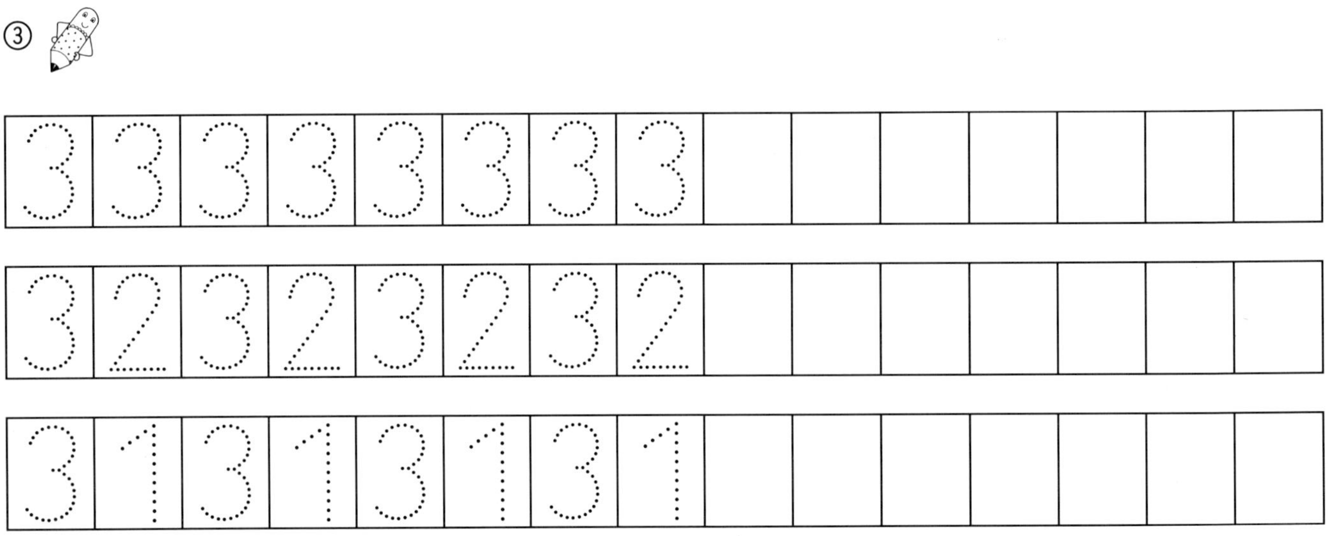

① Zahlen mehrfach verschiedenfarbig nachspuren
② Muster verschiedenfarbig vervollständigen
③ Zahlen nachspuren, schreiben

Ellen Müller: Lernvoraussetzungen für den Anfangsunterricht in Mathematik
© Persen Verlag GmbH, Horneburg

Die Zahl 3

①

● ●	2

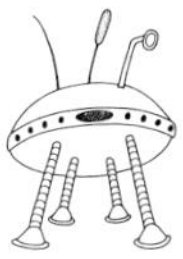

②

① Gegenstandsvertreter zeichnen, Anzahl aufschreiben
② Geometrische Figuren nach Aufgabenstellung malen

Die Zahl 3

①

3 3 2 3 3 2 3 3 2

②

3

3

3

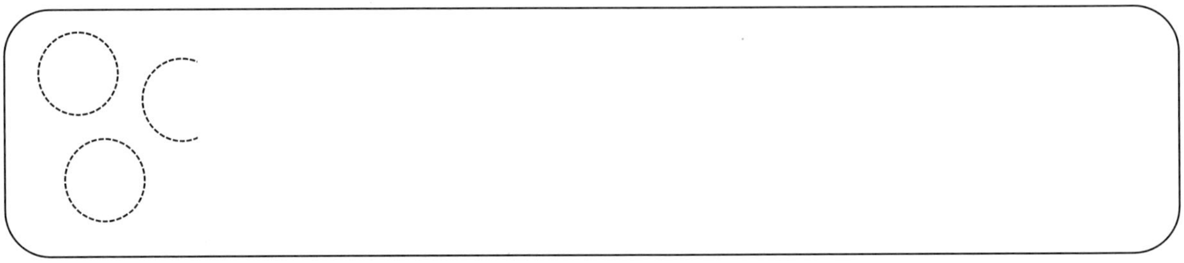

③

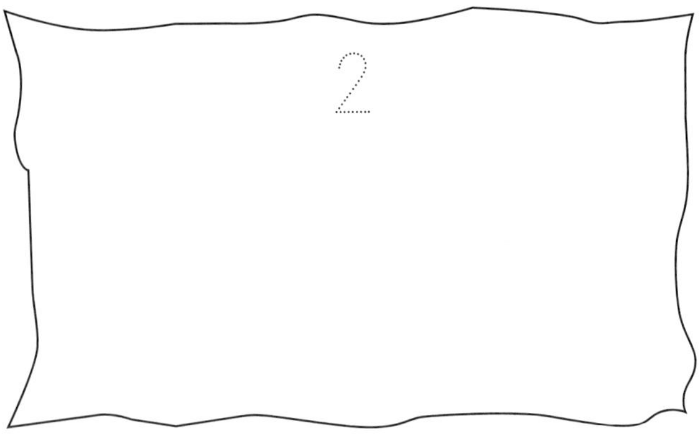

① Zahlen mehrfach verschiedenfarbig nachspuren
② 3er-Mengen erkennen, einkreisen, malen
③ 2er- bzw. 3er-Mengen malen

Ellen Müller: Lernvoraussetzungen für den Anfangsunterricht in Mathematik
© Persen Verlag GmbH, Horneburg

Die Zahl 3

①

②

③

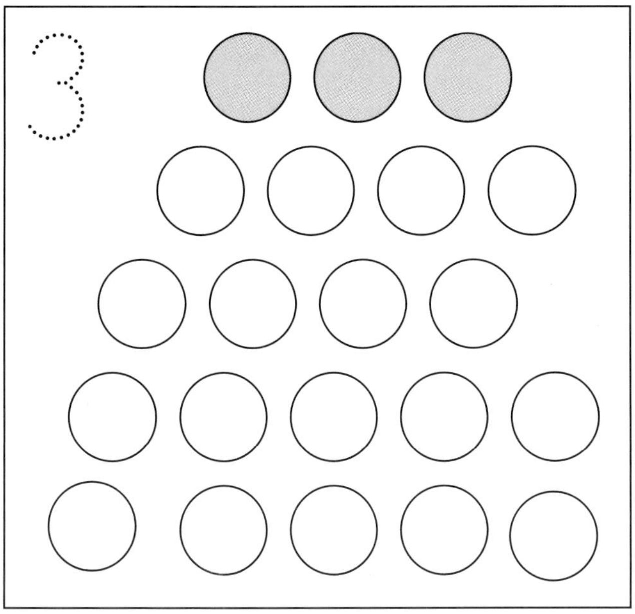

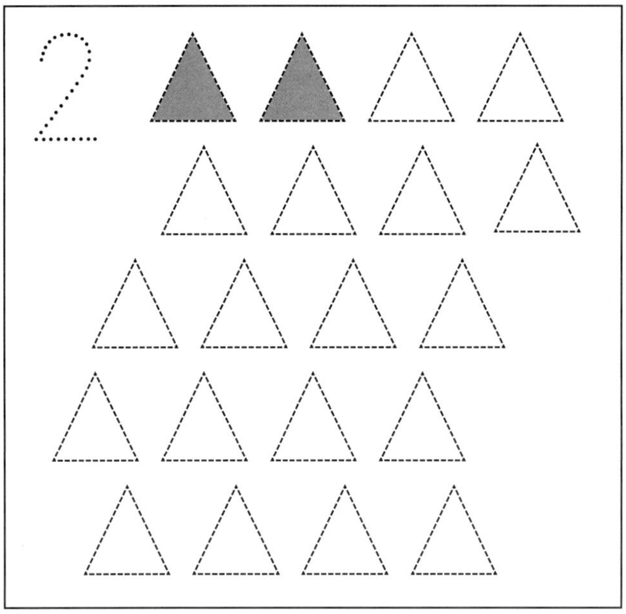

① Korrespondierende Zuordnung: geometrische Figuren malen ② Zahlen nachspuren
③ 3er- bzw. 2er-Mengen verschiedenfarbig anmalen

Die Zahl 3

①

②

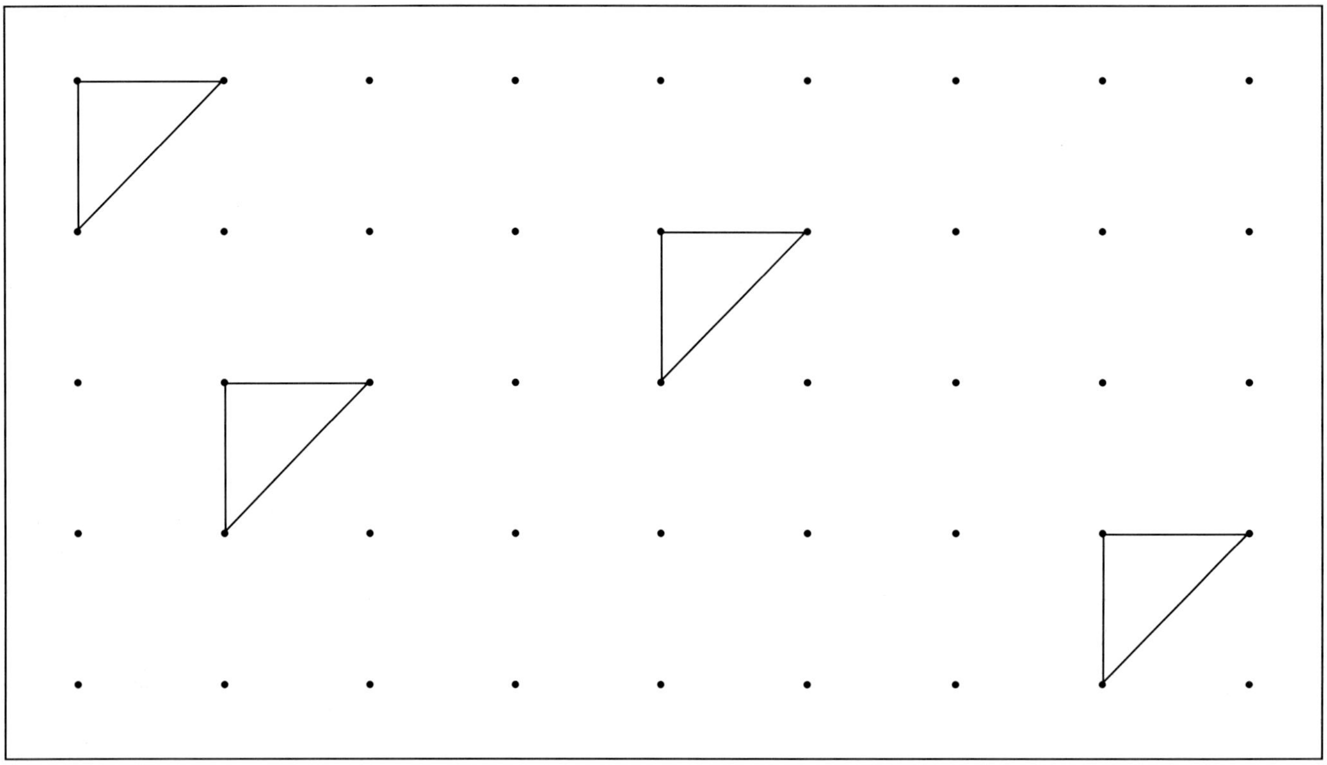

③

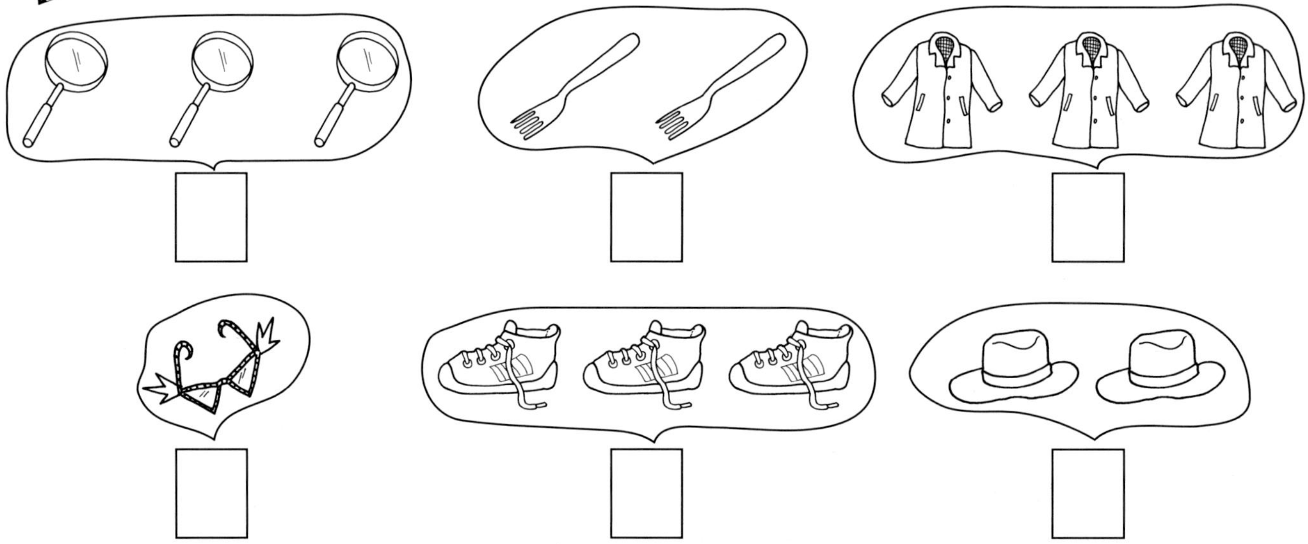

① Zahlen nachspuren
② Immer 3 Punkte verbinden
③ Mengen- und Zahlzuordnung

Ellen Müller: Lernvoraussetzungen für den Anfangsunterricht in Mathematik
© Persen Verlag GmbH, Horneburg

①

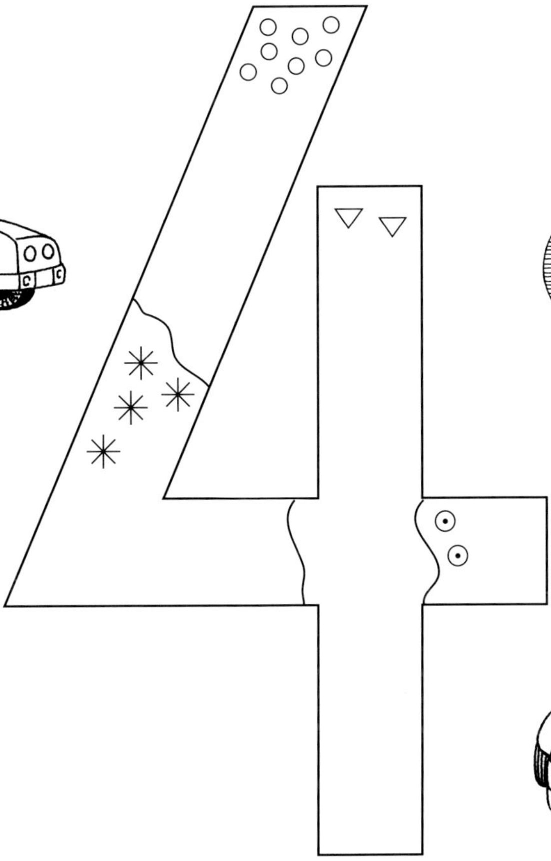

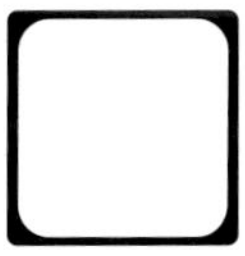

②

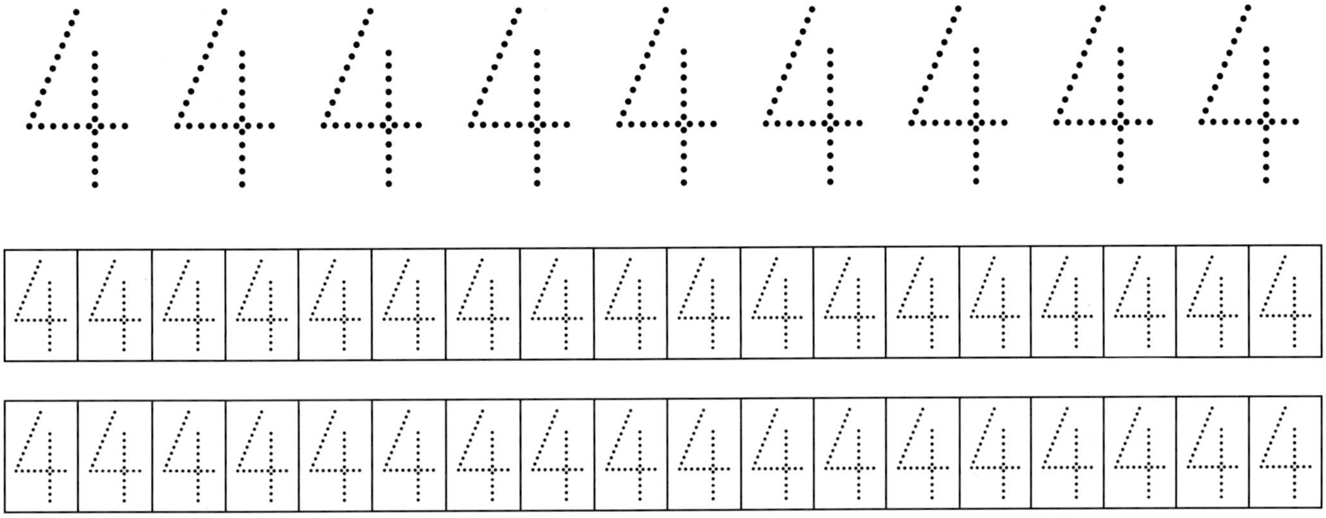

① Fahrzeuge mit 4 Rädern anmalen, Würfelpunkte einzeichnen, Zahl nach Mustervorschlag gestalten
② Zahlen nachspuren

© Persen Verlag GmbH, Horneburg

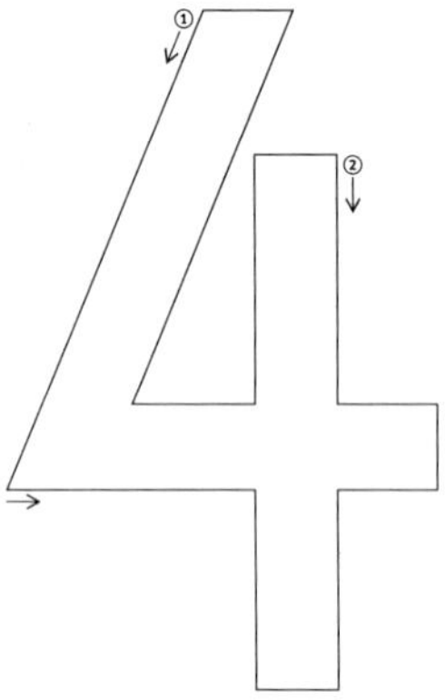

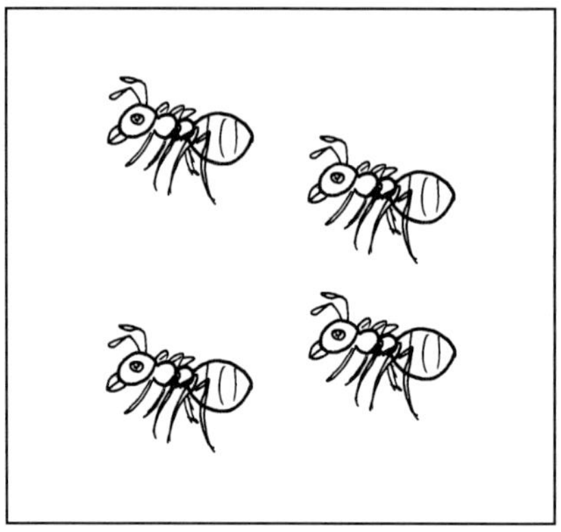

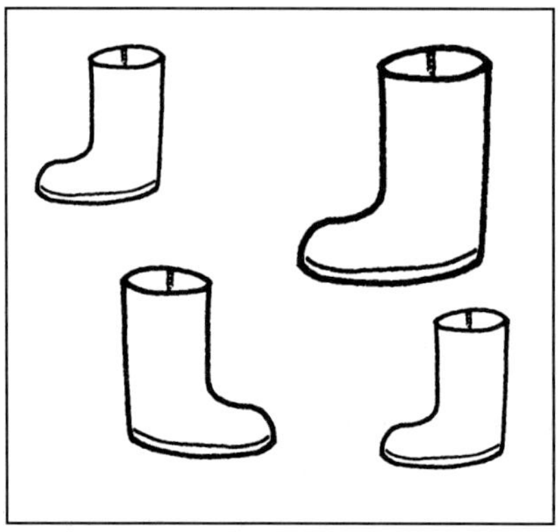

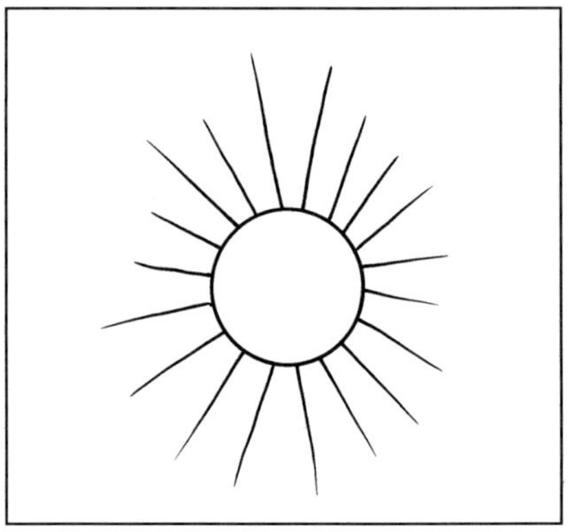

① Zahl verschiedenfarbig nachspuren, 4er-Mengenkarten ausschneiden, anmalen
② Mengenkarten der Zahl 4 zuordnen, auf AB S. 29 aufkleben

Ellen Müller: Lernvoraussetzungen für den Anfangsunterricht in Mathematik
© Persen Verlag GmbH, Horneburg

Die Menge 4

①

②

③

④

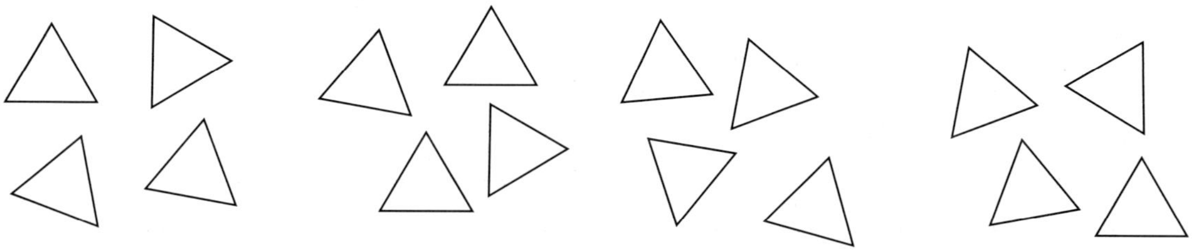

① Zahlen mehrfach verschiedenfarbig nachspuren
③ Zahlen nachspuren
② 4er-Mengen vom AB S. 28 aufkleben
④ 4er-Mengen einkreisen

© Persen Verlag GmbH, Horneburg

Die Zahl 4 schreiben

①

②

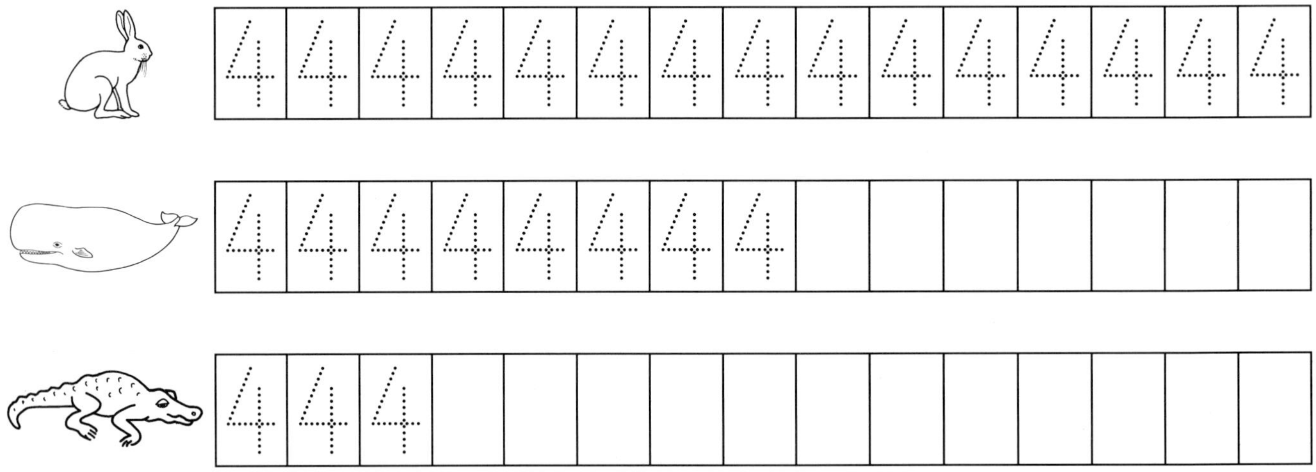

① Zahlen im Großformat mehrfach verschiedenfarbig nachspuren, Würfelpunkte einzeichnen
② Zahlen nachspuren, schreiben

Ellen Müller: Lernvoraussetzungen für den Anfangsunterricht in Mathematik
© Persen Verlag GmbH, Horneburg

Die Zahlen 4 und 0

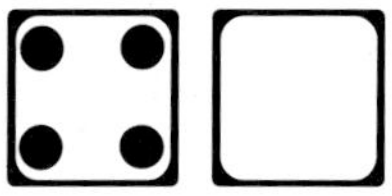

① 

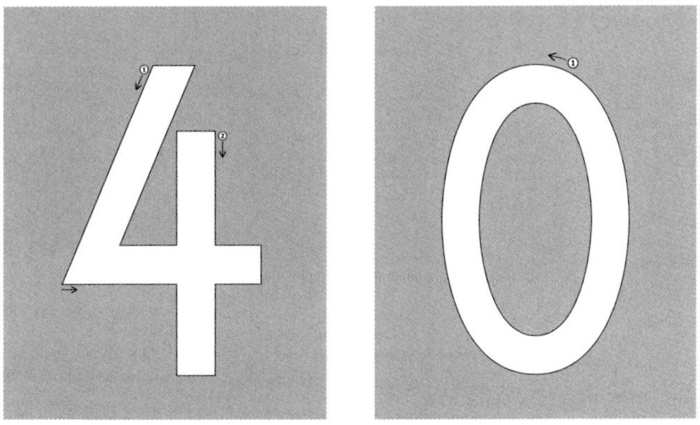

② 

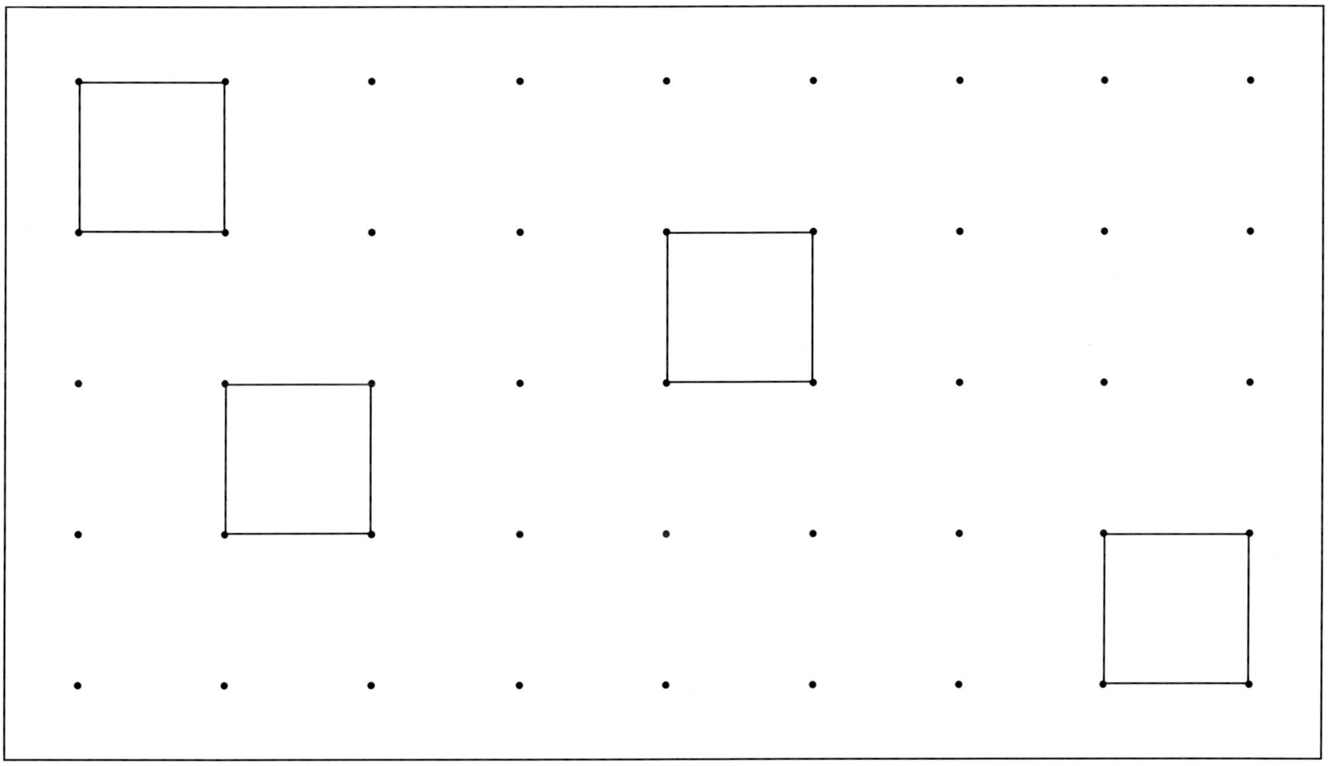

③ 

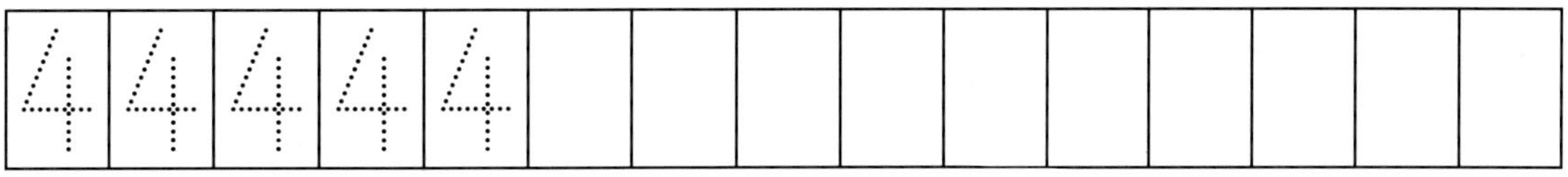

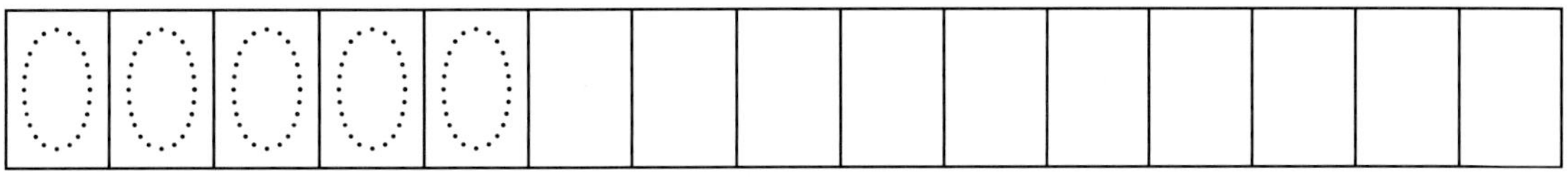

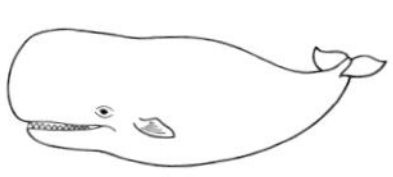
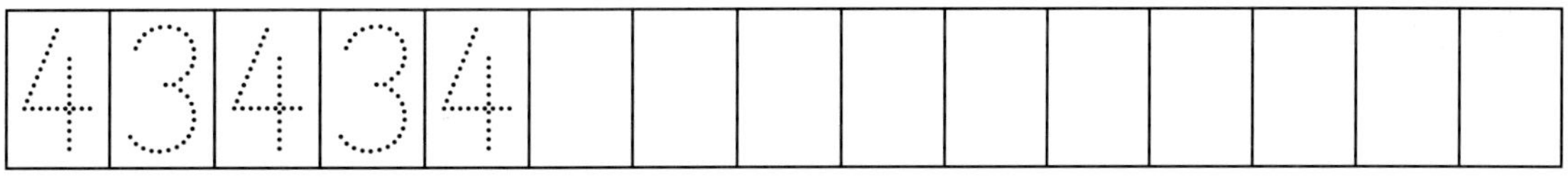

① Zahlen im Großformat mehrfach verschiedenfarbig nachspuren ② Immer 4 Punkte verbinden
③ Zahlen nachspuren, schreiben

© Persen Verlag GmbH, Horneburg

Die Zahl 4

①

②

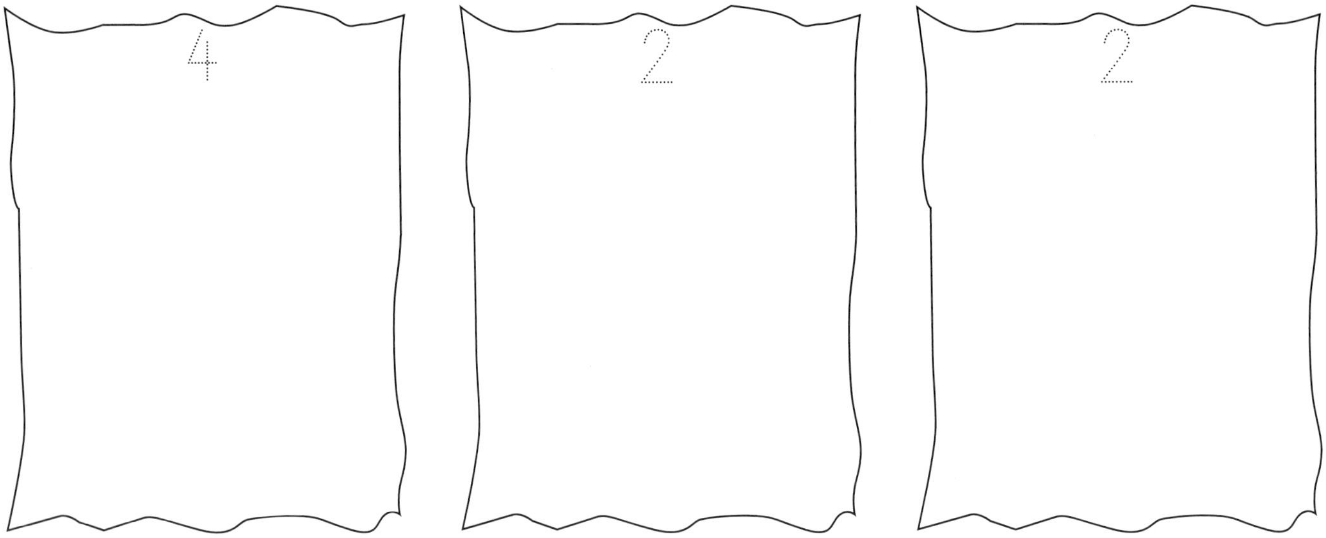

① Gegenstandsvertreter zeichnen, Anzahl aufschreiben
② Geometrische Figuren nach Aufgabenstellung malen

Ellen Müller: Lernvoraussetzungen für den Anfangsunterricht in Mathematik
© Persen Verlag GmbH, Horneburg

Die Zahlen 3 und 4

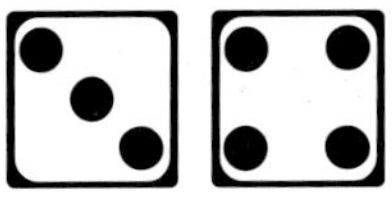

① 

② 

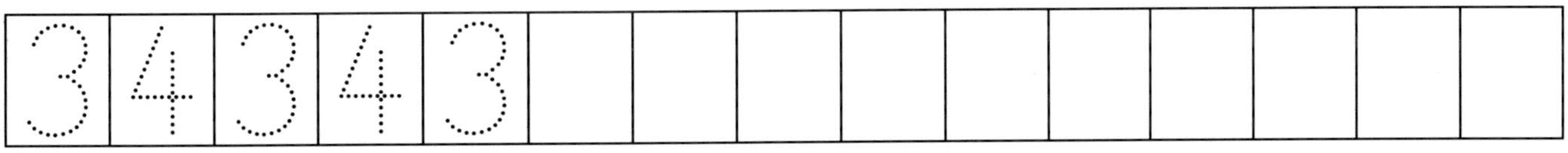

① Korrespondierende Zuordnung durch Verbinden, 3er- bzw. 4er-Mengen malen
② Zahlen nachspuren und schreiben

© Persen Verlag GmbH, Horneburg

Die Zahl 4

① Ergänze.

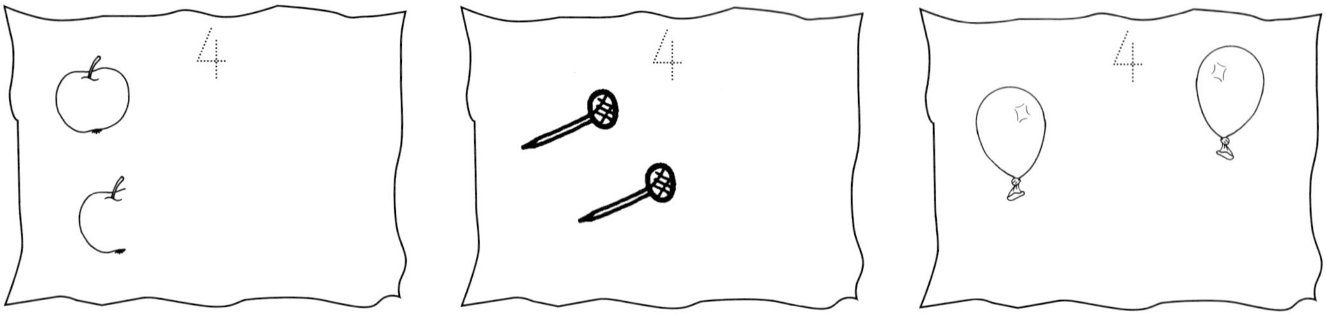

② Ergänze.

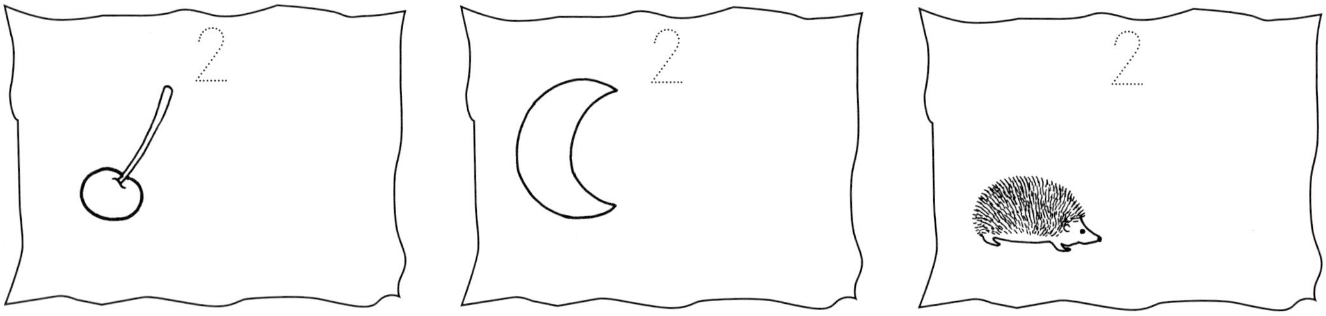

③

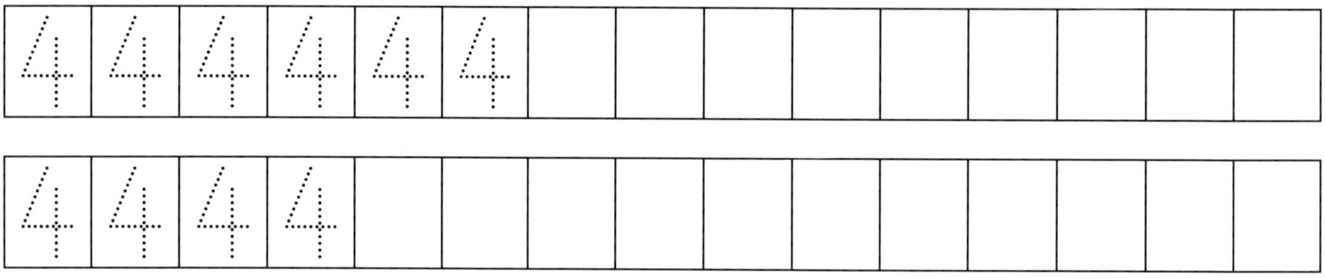

④ Male immer 4 Perlen.

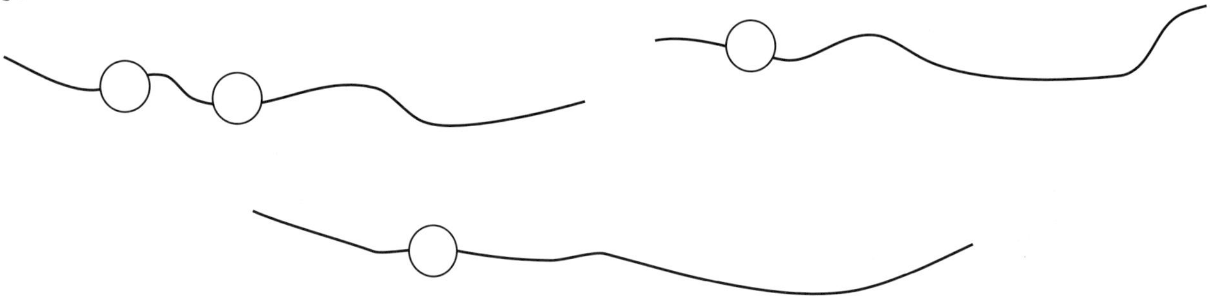

① + ② Bilder nach Aufgabenstellung ergänzen
③ Zahlen nachspuren, schreiben
④ Fehlende Perlen ergänzen

Ellen Müller: Lernvoraussetzungen für den Anfangsunterricht in Mathematik
© Persen Verlag GmbH, Horneburg

Die Zahl 4

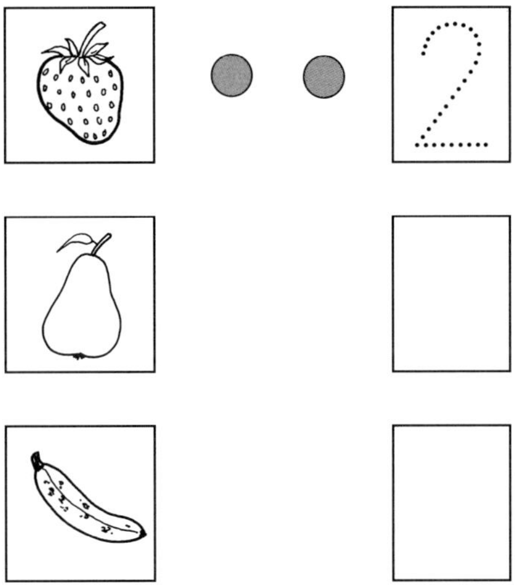

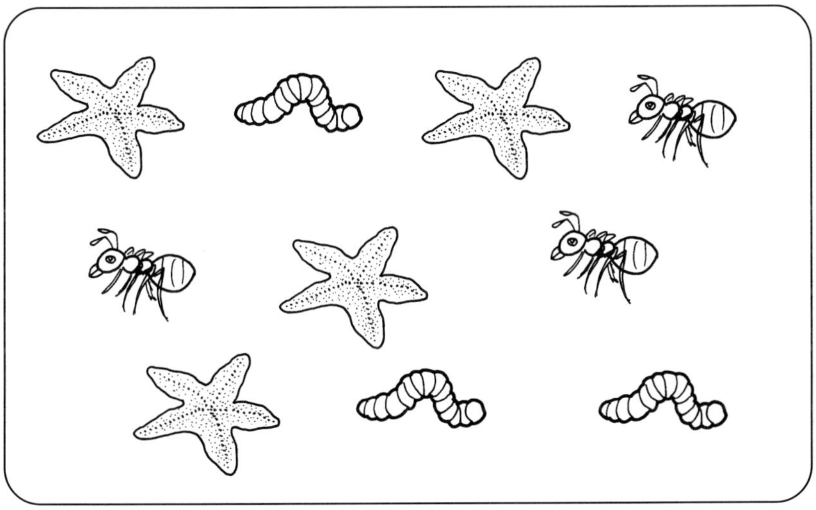

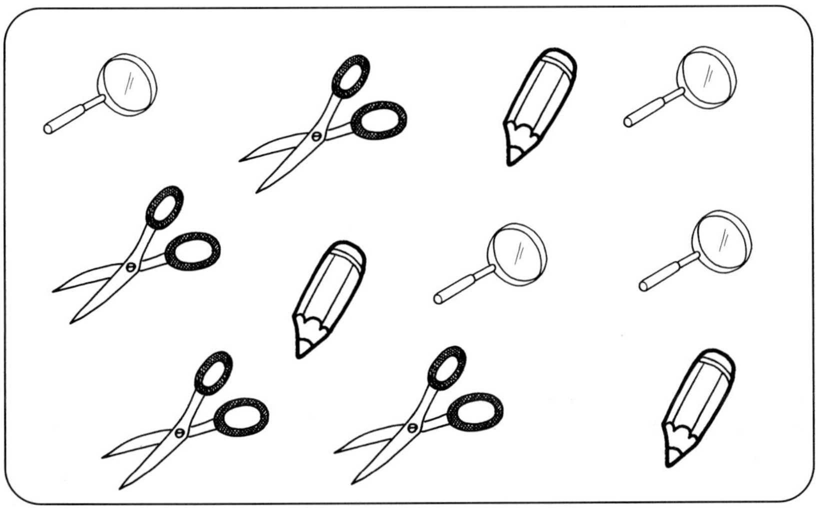

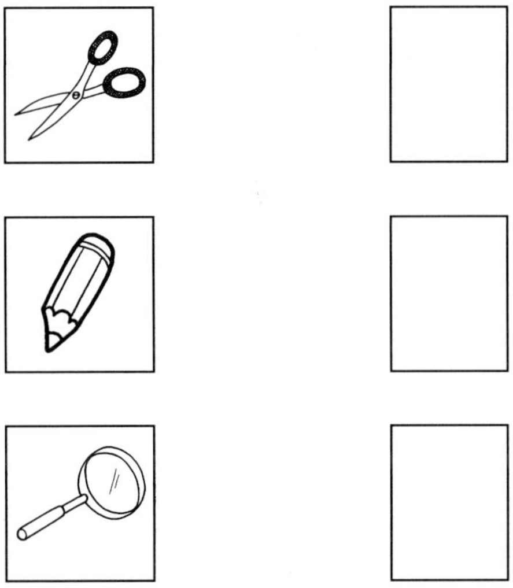

Korrespondierende Zuodnung: Gegenstandsvertreter malen, Anzahl notieren

© Persen Verlag GmbH, Horneburg

Die Zahl 4

①

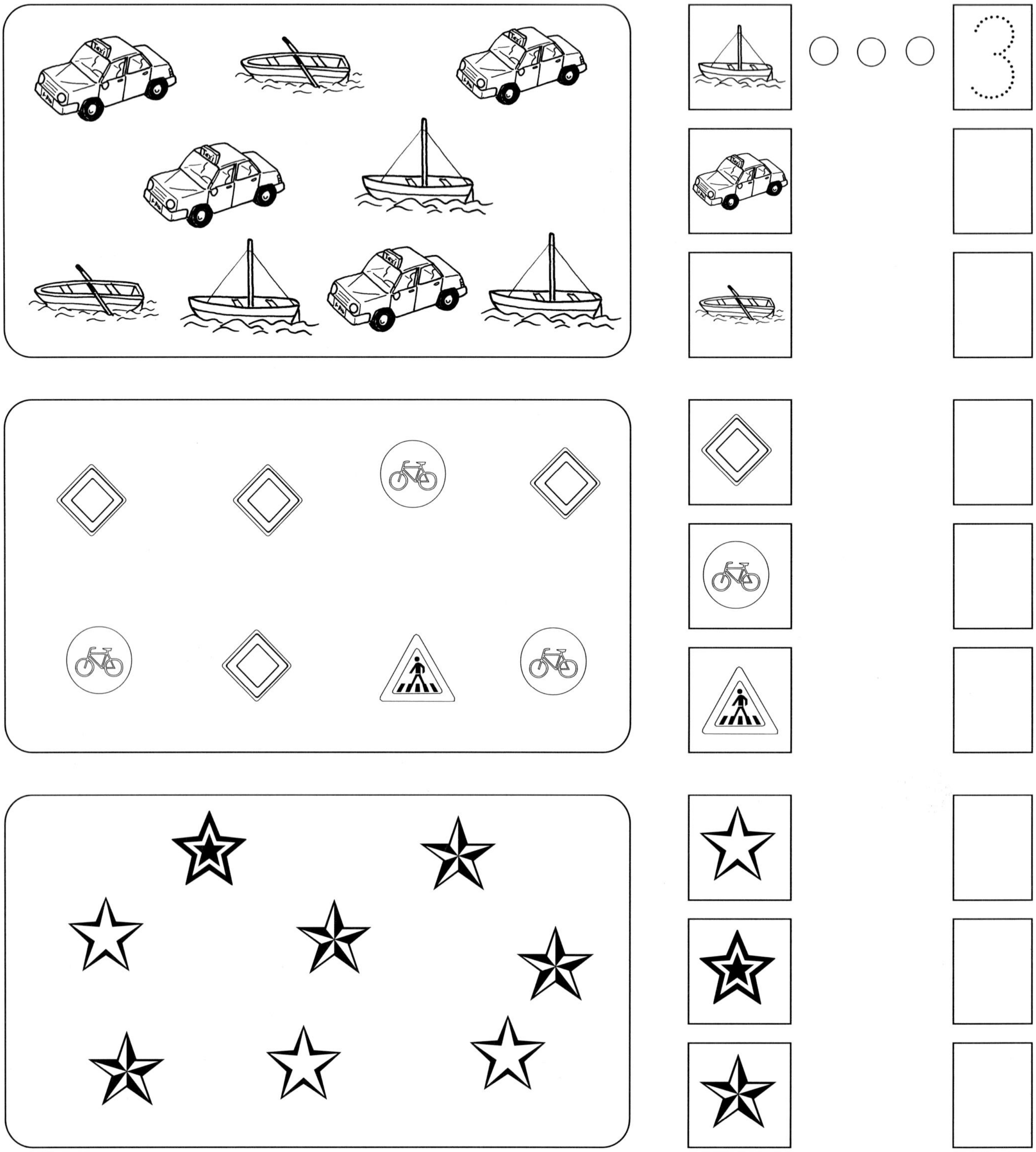

② 

3 4 3 4 3 4 3 4 3 4 3 4 3 4 3

① Korrespondierende Zuordnung: Gegenstandsvertreter malen, Anzahl aufschreiben
② Zahlen nachspuren

© Persen Verlag GmbH, Horneburg

①

②

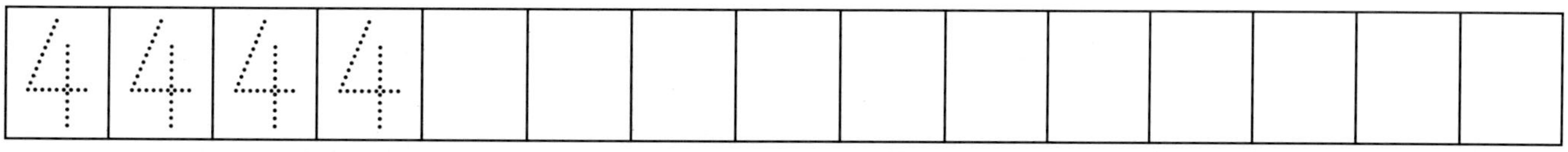

① Überzählige Elemente in der Menge streichen ② Zahlen nachspuren, schreiben

© Persen Verlag GmbH, Horneburg

Mengen vergleichen (1)

Vergleiche. Klebe das Krokodil ein.

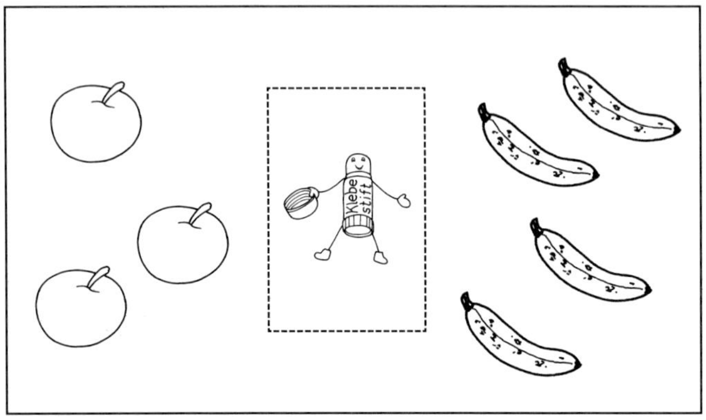

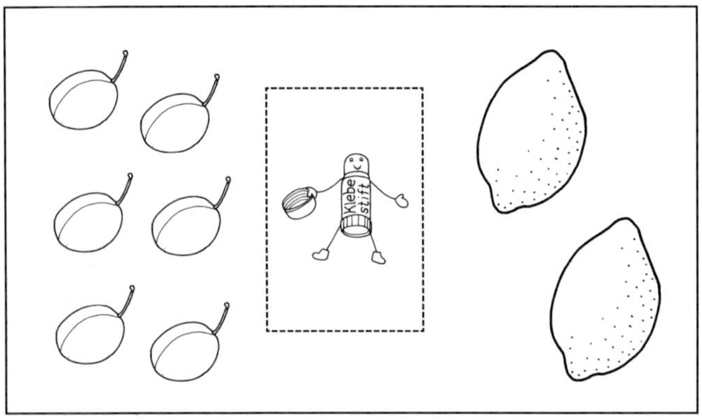

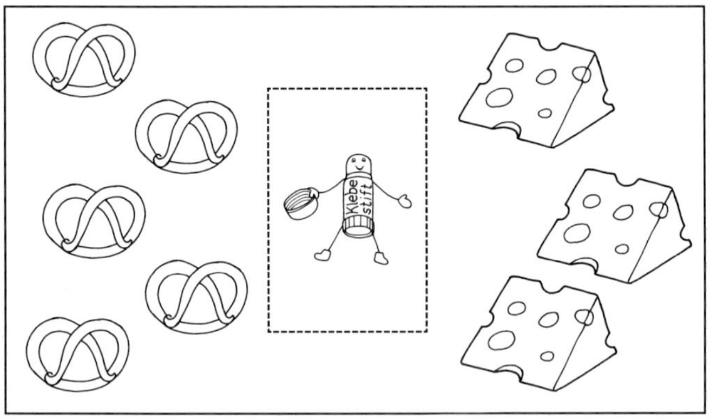

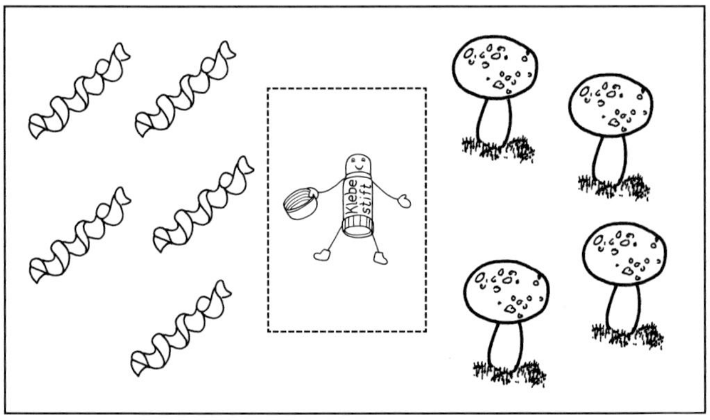

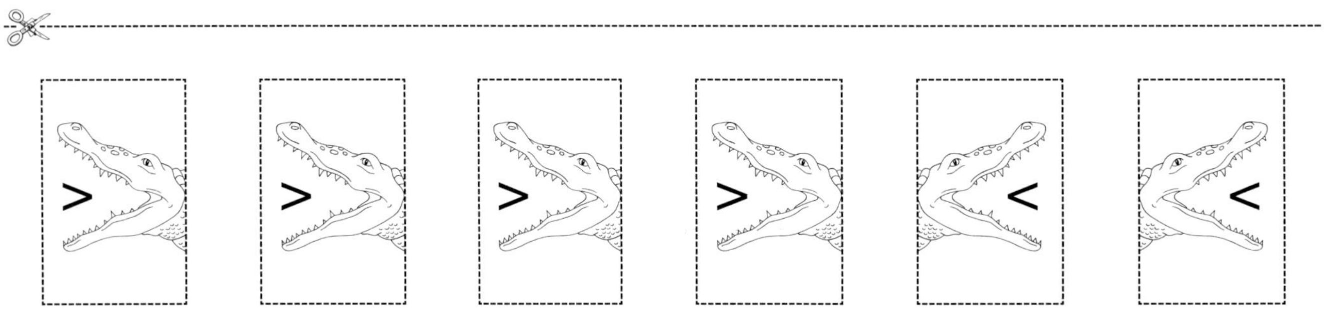

Mengen vergleichen, Krokodilmaul mit integriertem Relationszeichen ausschneiden, aufkleben

Ellen Müller: Lernvoraussetzungen für den Anfangsunterricht in Mathematik
© Persen Verlag GmbH, Horneburg

Mengen vergleichen (2)

①

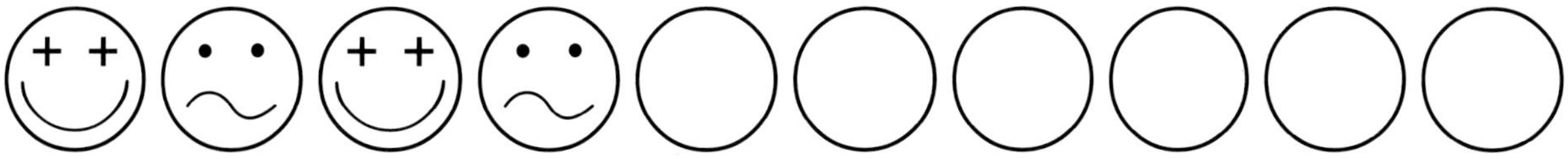

② Vergleiche. Das Krokodil frisst die Lebensmittel, von denen **mehr** sind.

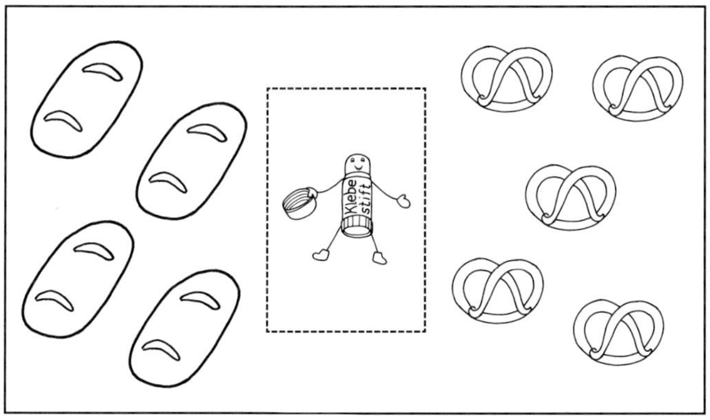

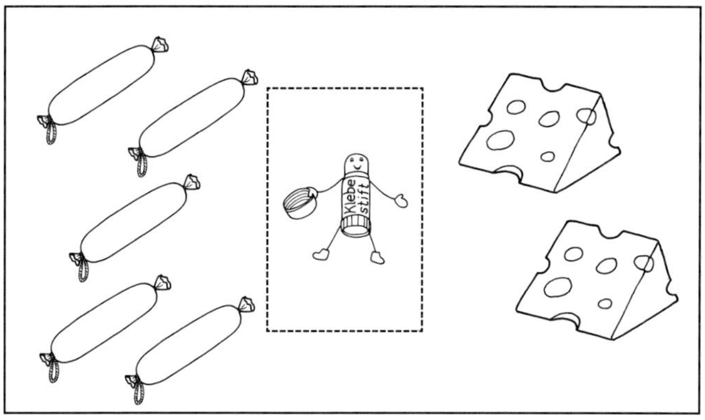

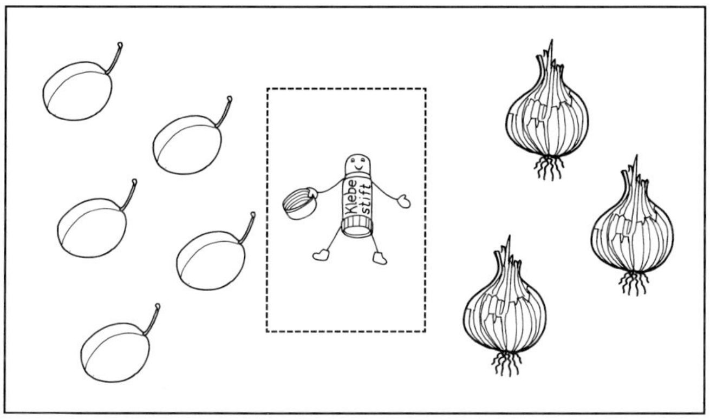

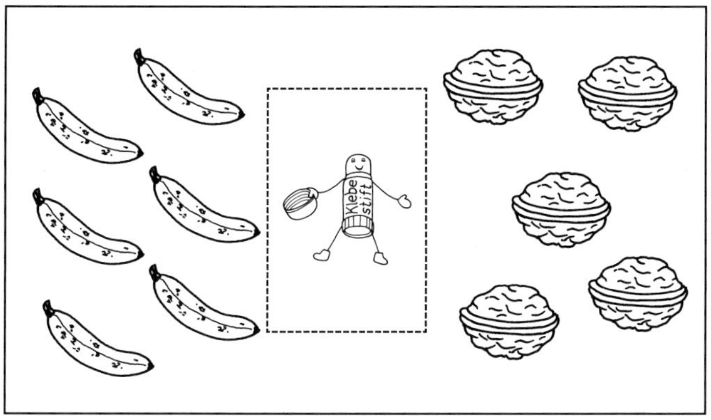

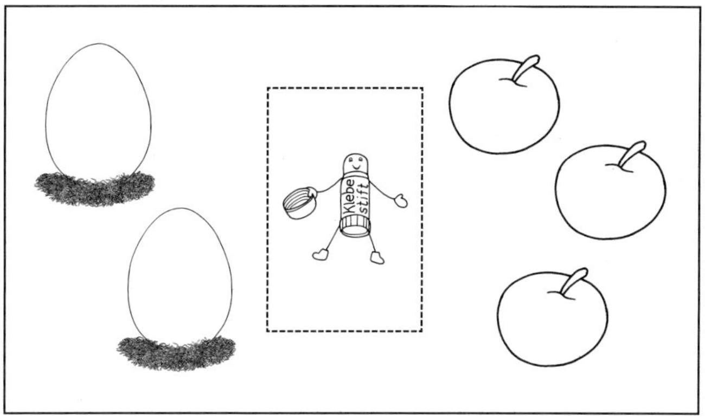

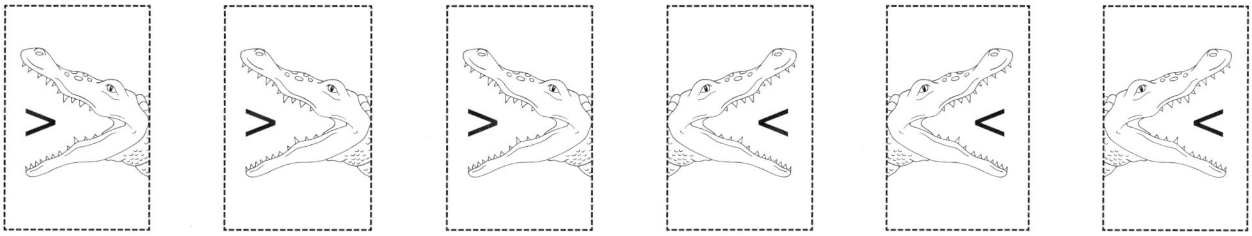

① Muster weiterführen
② Mengen vergleichen, Bilder ausschneiden, dem Relationszeichen entsprechend aufkleben

Zahlen vergleichen (1)

3	>	2

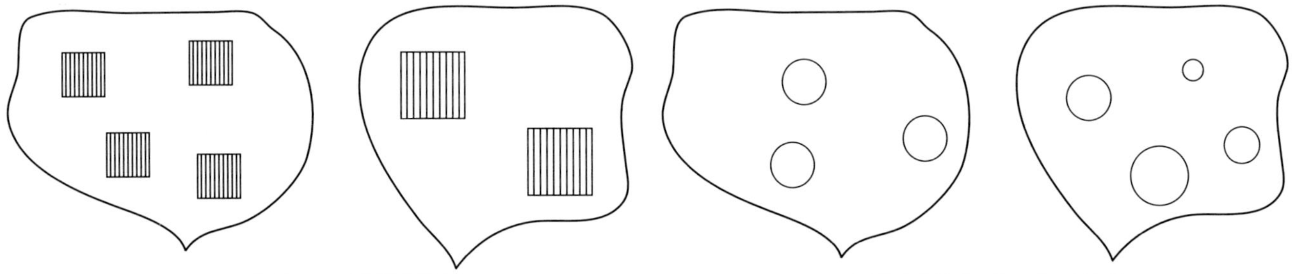

① Mengen vergleichen, Anzahl ergänzen, Zahlen vergleichen
② Sprechweise *„ist größer als", „ist kleiner als"* üben

Ellen Müller: Lernvoraussetzungen für den Anfangsunterricht in Mathematik
© Persen Verlag GmbH, Horneburg

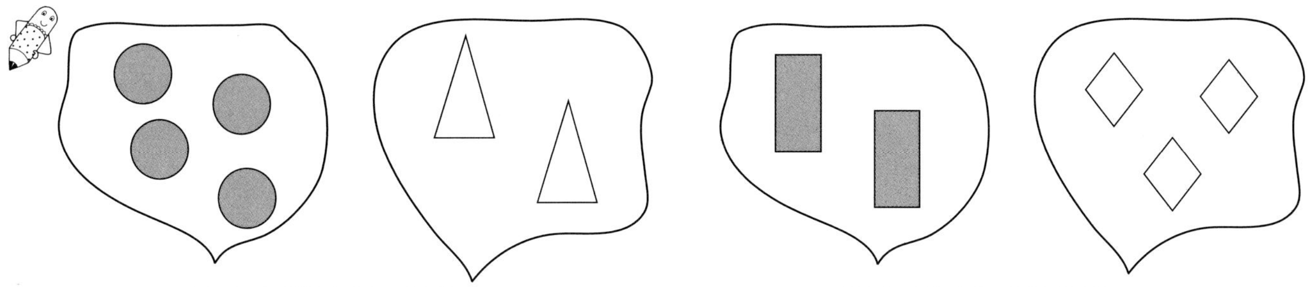

4 > 2

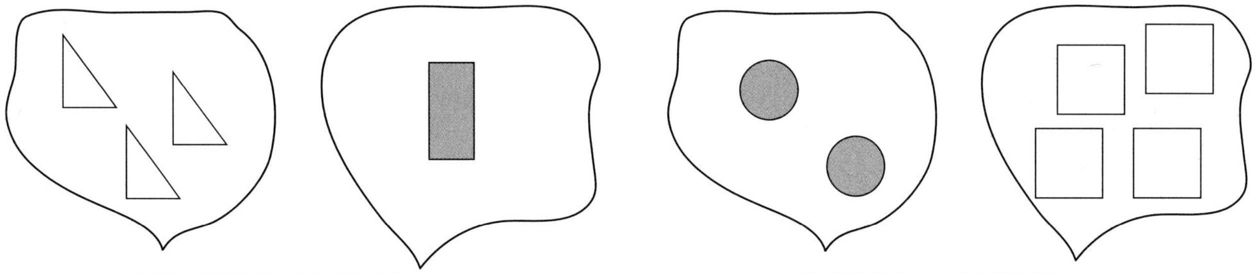

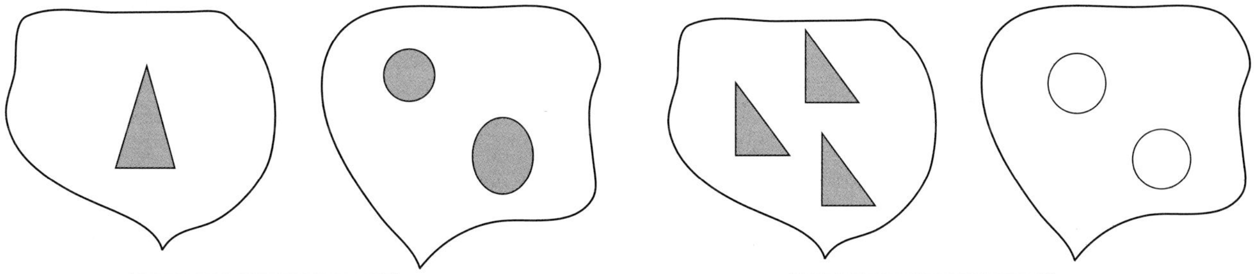

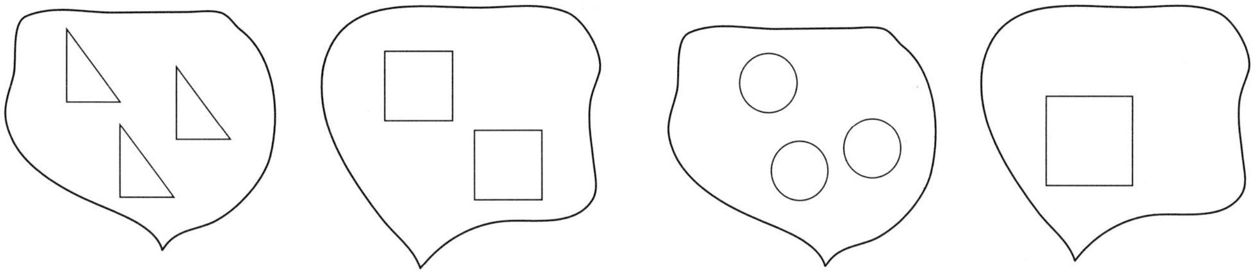

① Mengen vergleichen, Anzahl ergänzen, Zahlen vergleichen
② Sprechweise *„ist größer als", ist kleiner als"* üben

© Persen Verlag GmbH, Horneburg

Zahlen vergleichen (3)

① 

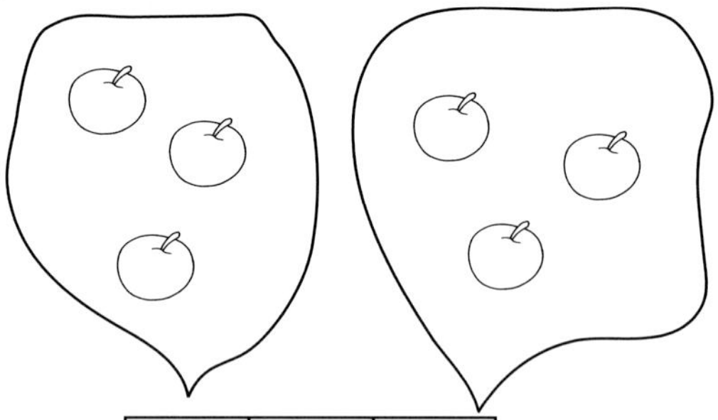

3 = 3

Auf beiden Seiten
sind gleich viele Dinge.
Wir schreiben
das Zeichen =.

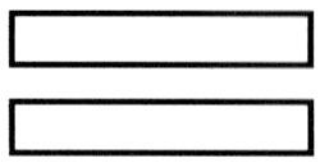

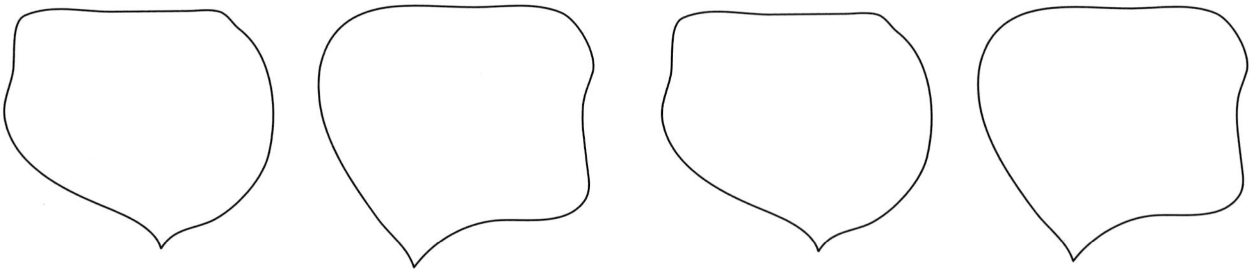

4 = 4 2 = 2

② 

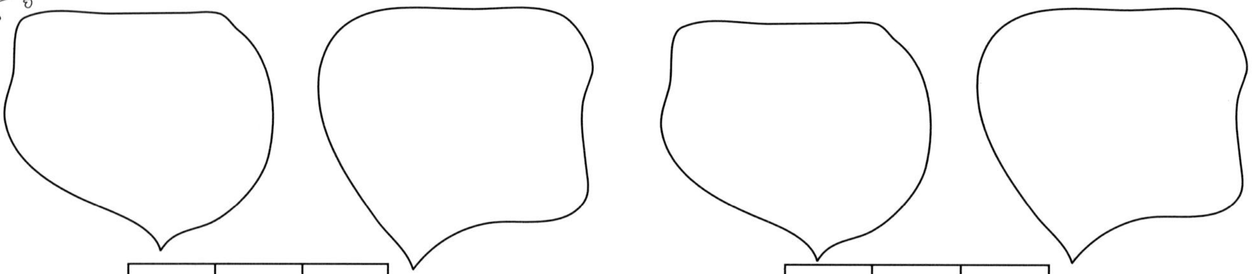

4   4 2   4

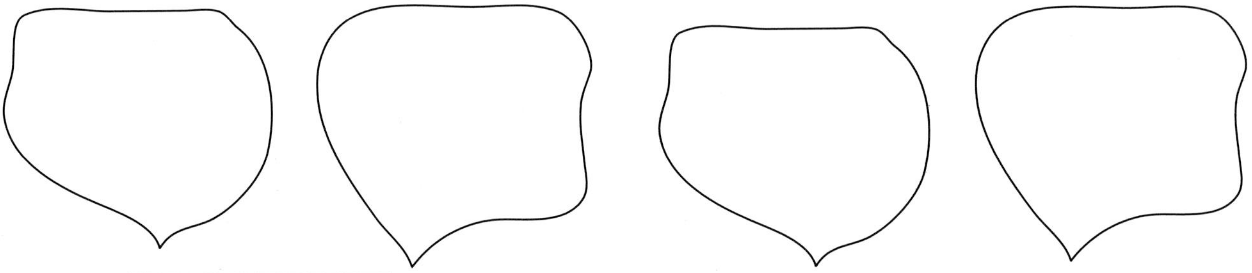

3   2 3   3

① Relationszeichen „=“ mehrfach nachspuren, Mengen einzeichnen
② Mengen einzeichnen, vergleichen, Relationszeichen einsetzen,
Sprechweise *„ist größer als“*, *„ist kleiner als“* und *„gleich“* üben

Ellen Müller: Lernvoraussetzungen für den Anfangsunterricht in Mathematik
© Persen Verlag GmbH, Horneburg

Zahlen vergleichen (4)

①

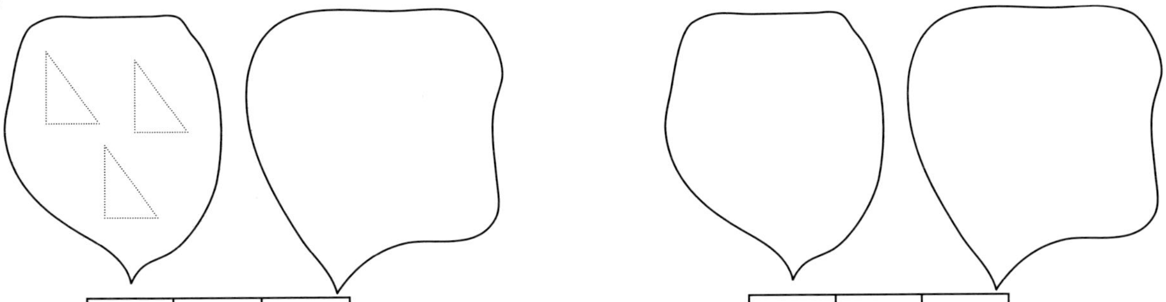

3 < 4 2 > 1

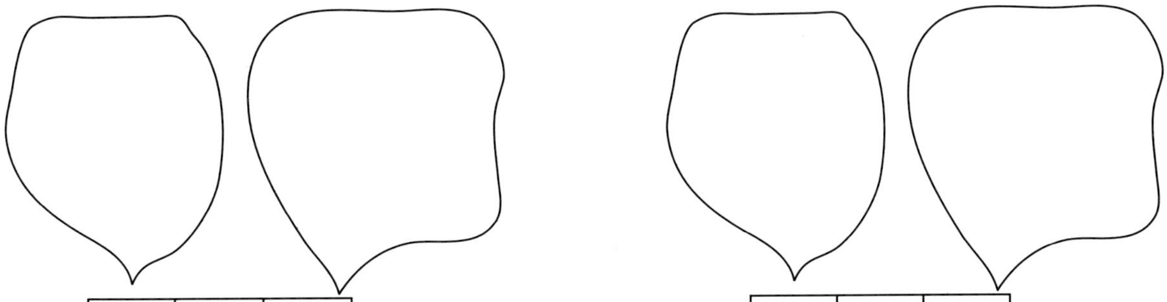

3 > 2 4 = 4

②

4 > 2 1 = 1 3 < 4

1 < 2 4 > 3 2 = 2

① Mengen einzeichnen
② Würfelpunkte einzeichnen, Sprechweise *„ist größer als"*, *„ist kleiner als"* und *„gleich"* üben

© Persen Verlag GmbH, Horneburg

① Vergleiche die Zahlen. Setze das Zeichen > oder < ein.

2	>	1								

② Male die Punkte.

2	>	1		3	<	4		2	<	4

3	>	2		3	>	1		1	<	4

③ Welche Zahl ist **kleiner**? Male den Luftballon gelb an.

① Mengen und Zahlen vergleichen, Relationszeichen einzeichnen
② Würfelpunkte einzeichnen
③ Zahlen vergleichen, nach Aufgabenstellung anmalen

Ellen Müller: Lernvoraussetzungen für den Anfangsunterricht in Mathematik
© Persen Verlag GmbH, Horneburg

Pass auf, Fehlerteufel!

① Streiche falsche Aufgaben durch.

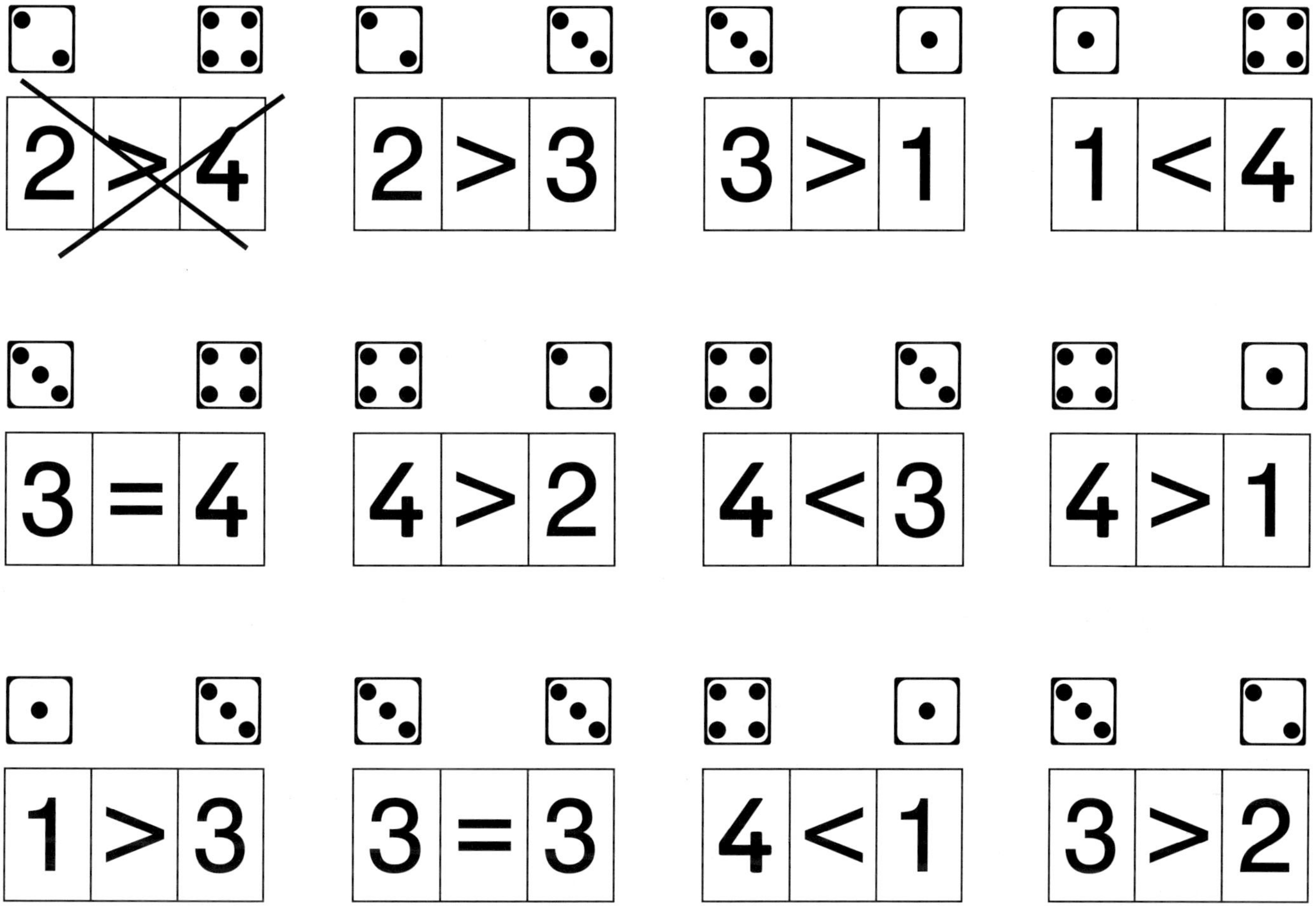

② Welche Zahl ist **kleiner**? Male den Luftballon gelb an.

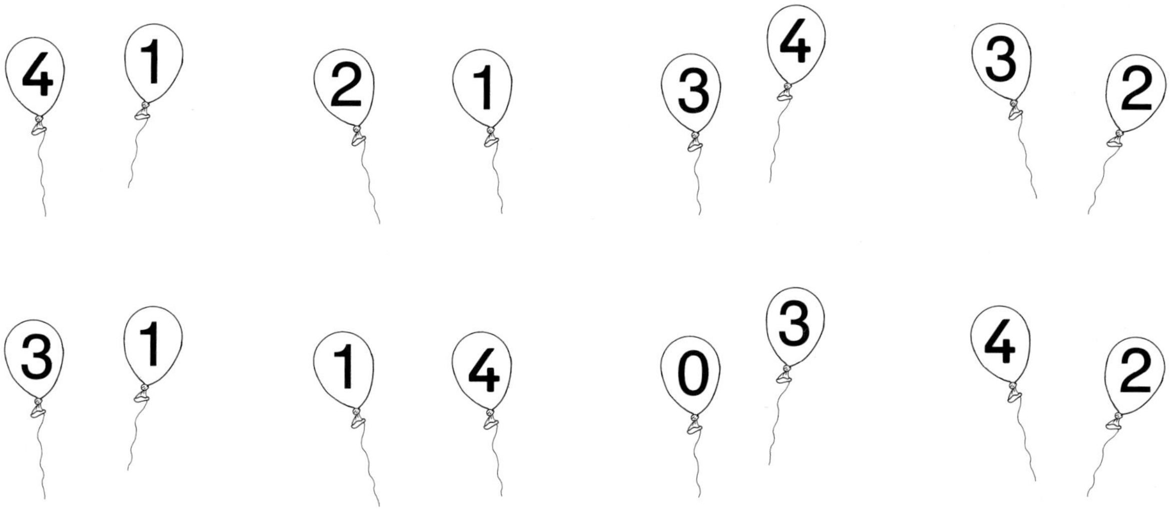

① Aufgaben auf ihren Wahrheitsgehalt überprüfen, falsche Aussage durchstreichen
② Zahlen vergleichen, nach Aufgabenstellung anmalen

© Persen Verlag GmbH, Horneburg

Die Zahl 5

①

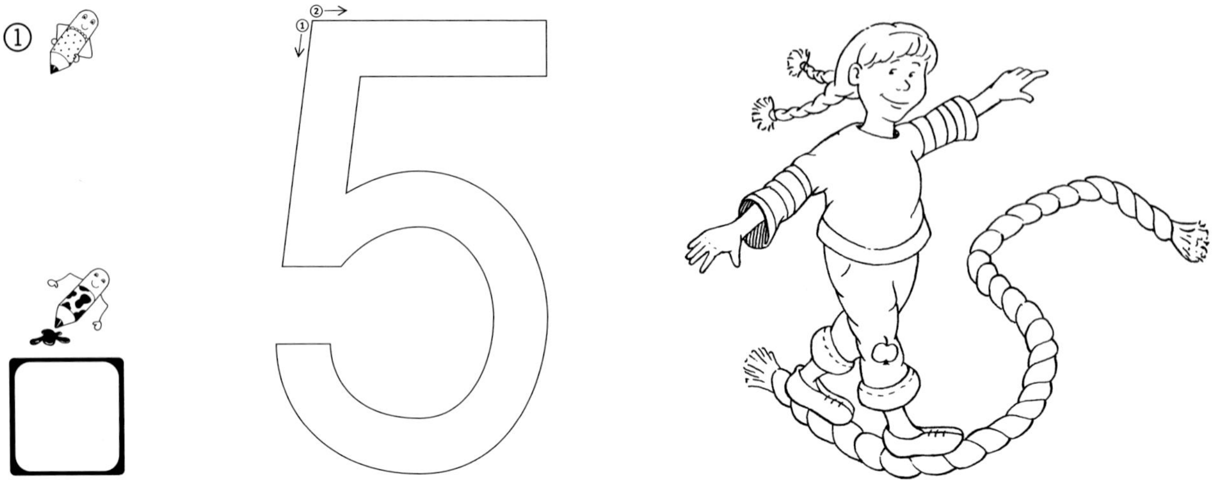

②

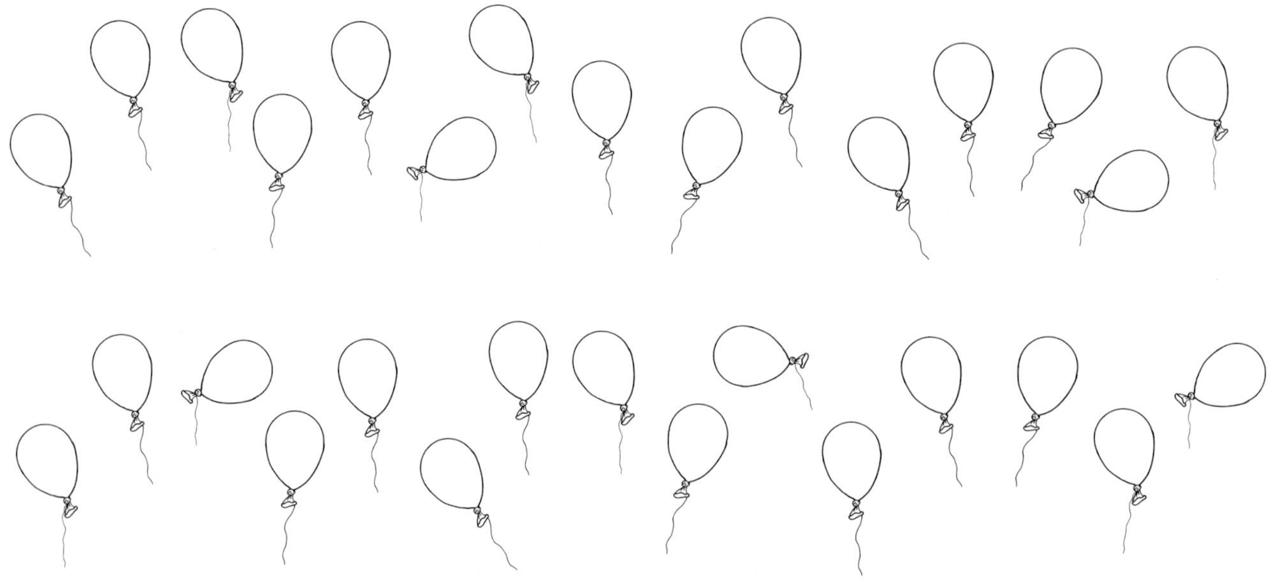

③

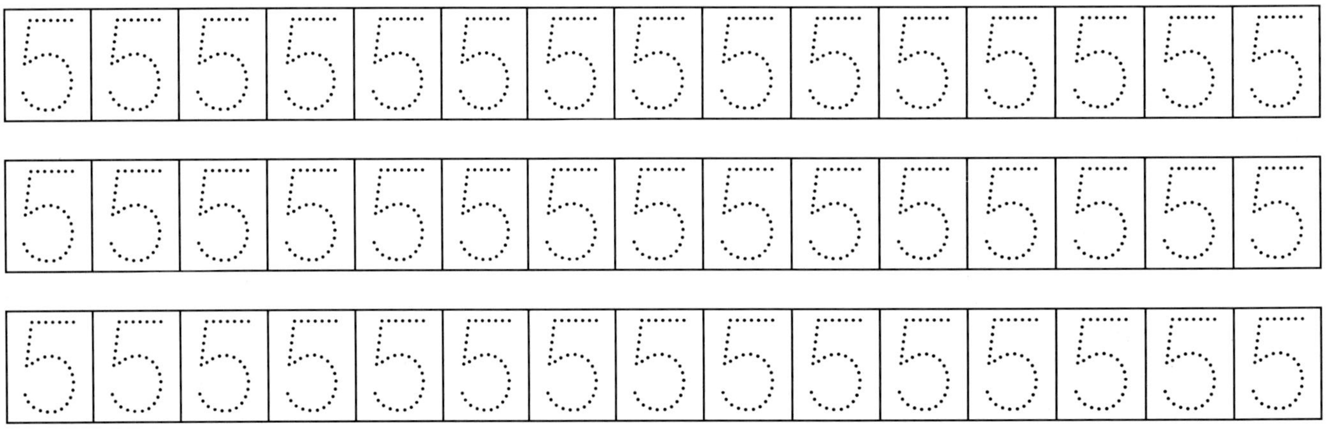

① Zahl mehrfach verschiedenfarbig nachspuren, Würfelpunkte eintragen
② Immer 5 Luftballons in der gleichen Farbe anmalen ③ Zahlen nachspuren

Ellen Müller: Lernvoraussetzungen für den Anfangsunterricht in Mathematik
© Persen Verlag GmbH, Horneburg

Mengenkarten

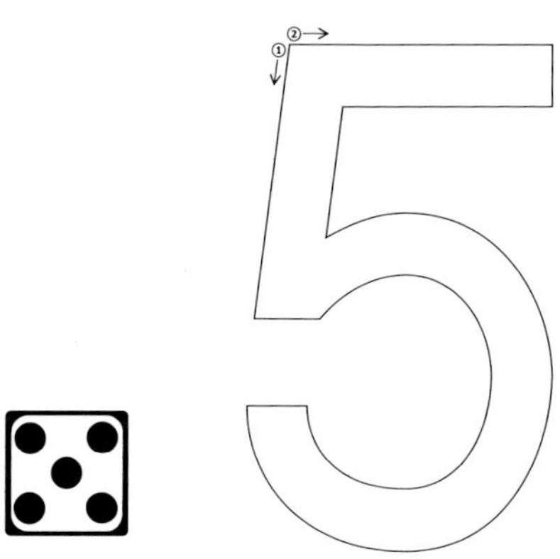

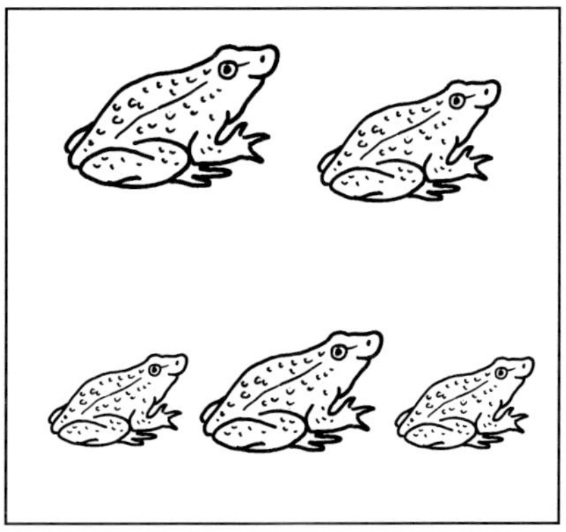

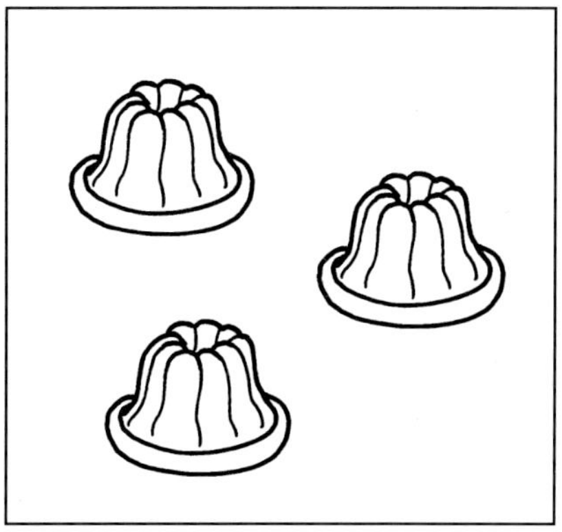

① Zahl verschiedenfarbig nachspuren, 5er-Mengenkarten ausschneiden, anmalen
② Mengenkarten der Zahl 5 zuordnen, auf AB S. 48 aufkleben

© Persen Verlag GmbH, Horneburg

Die Menge 5

①

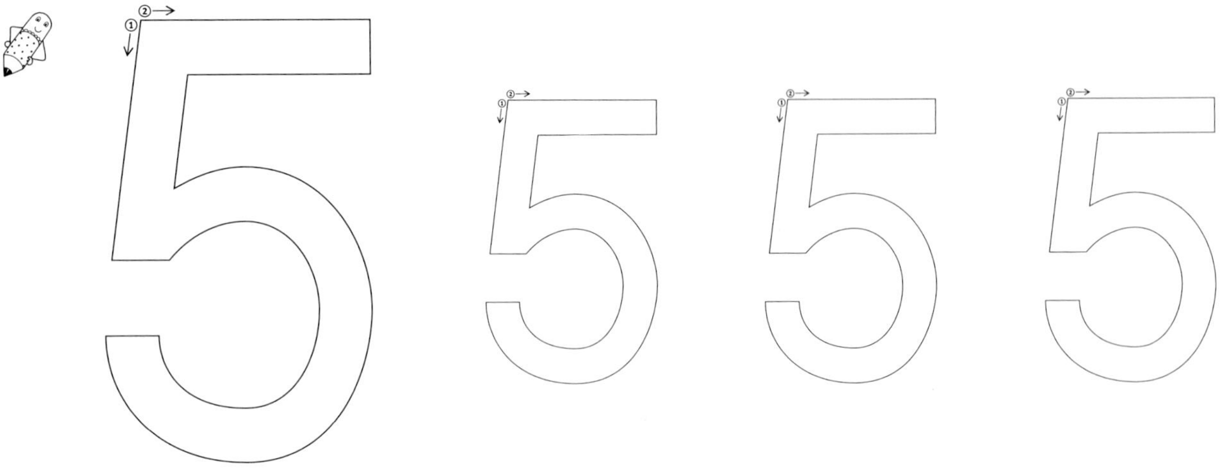

②

③

④

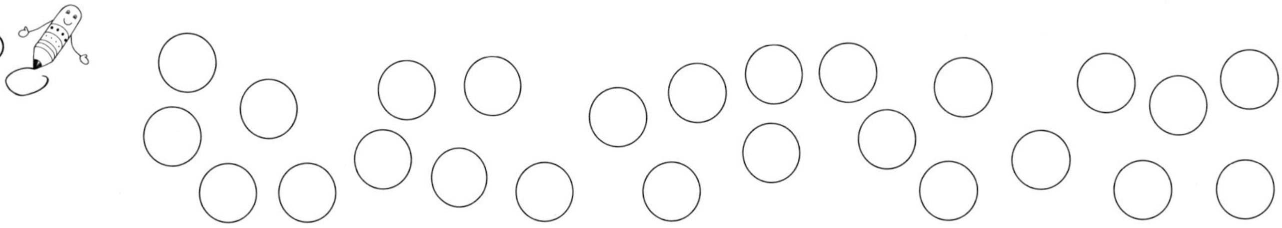

① Zahl 5 mehrfach verschiedenfarbig nachspuren
③ Zahlen nachspuren
② 5er-Mengen vom AB S. 47 aufkleben
④ 5er-Mengen einkreisen

Ellen Müller: Lernvoraussetzungen für den Anfangsunterricht in Mathematik
© Persen Verlag GmbH, Horneburg

①

②

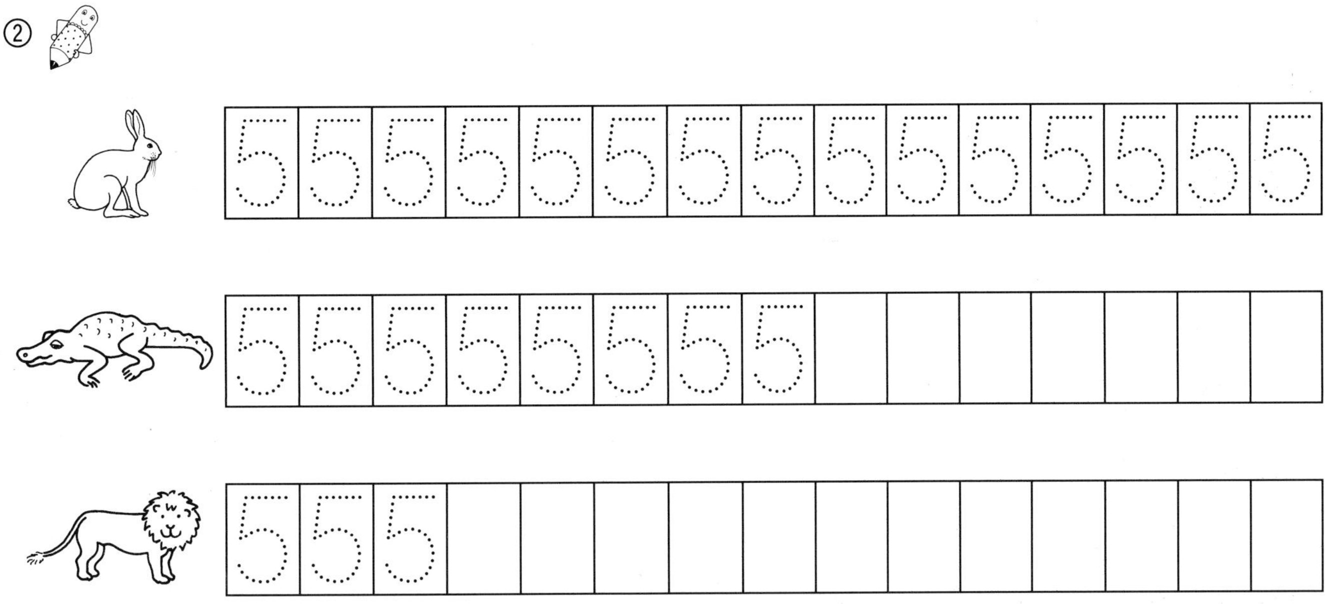

① Zahlen im Großformat mehrfach verschiedenfarbig nachspuren, Würfelpunkte einzeichnen
② Zahlen nachspuren, schreiben

© Persen Verlag GmbH, Horneburg

Die Zahl 5 schreiben

①

②

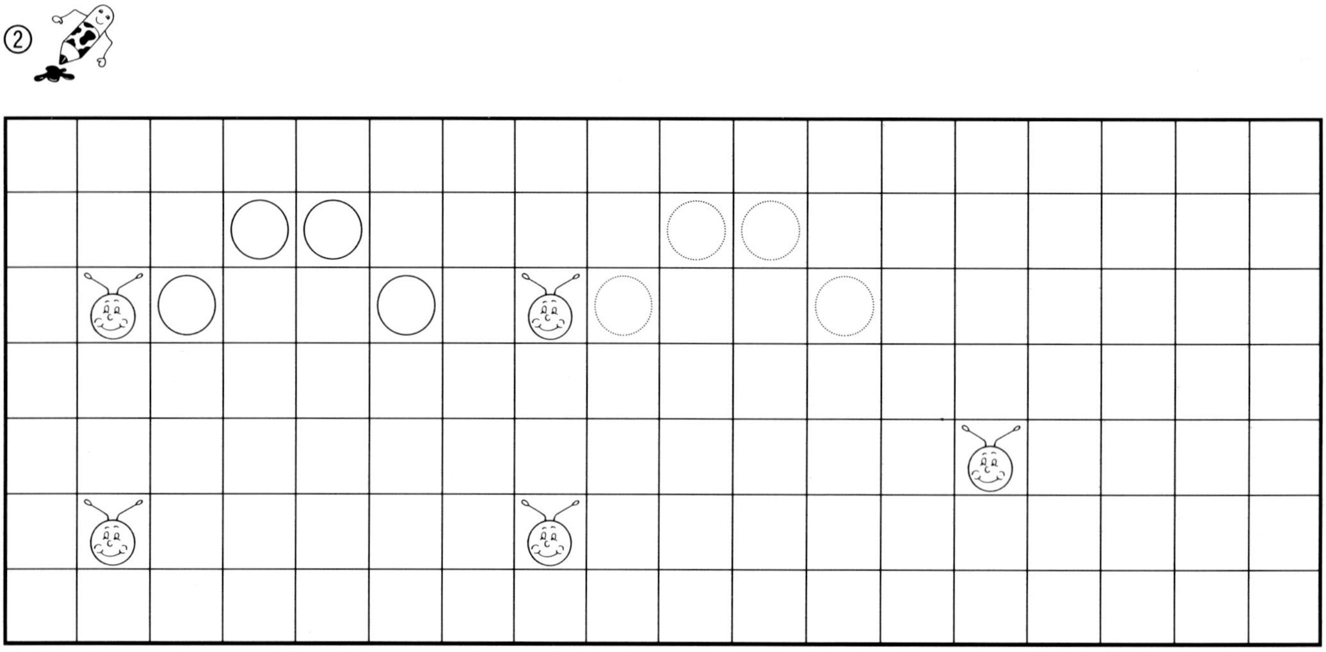

③

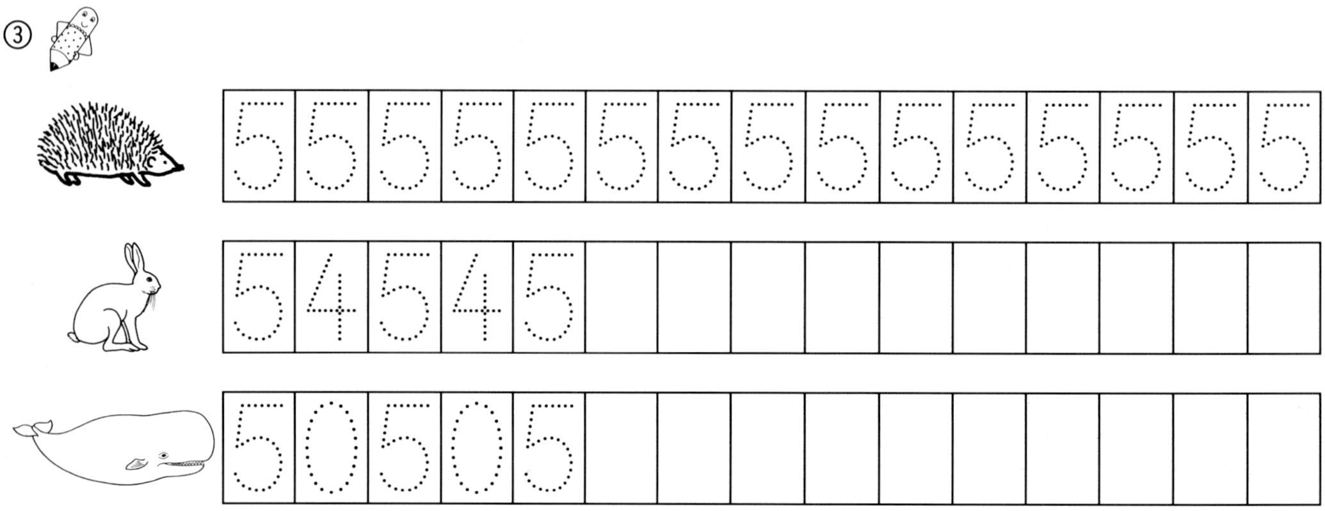

① Zahlen mehrfach verschiedenfarbig nachspuren, Würfelpunkte einzeichnen
② Eine Raupe aus 5 Kreisen zeichnen
③ Zahlen nachspuren, schreiben

Ellen Müller: Lernvoraussetzungen für den Anfangsunterricht in Mathematik
© Persen Verlag GmbH, Horneburg

Die Zahlen 4 und 5

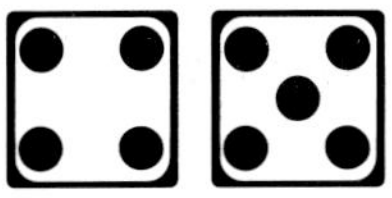

①

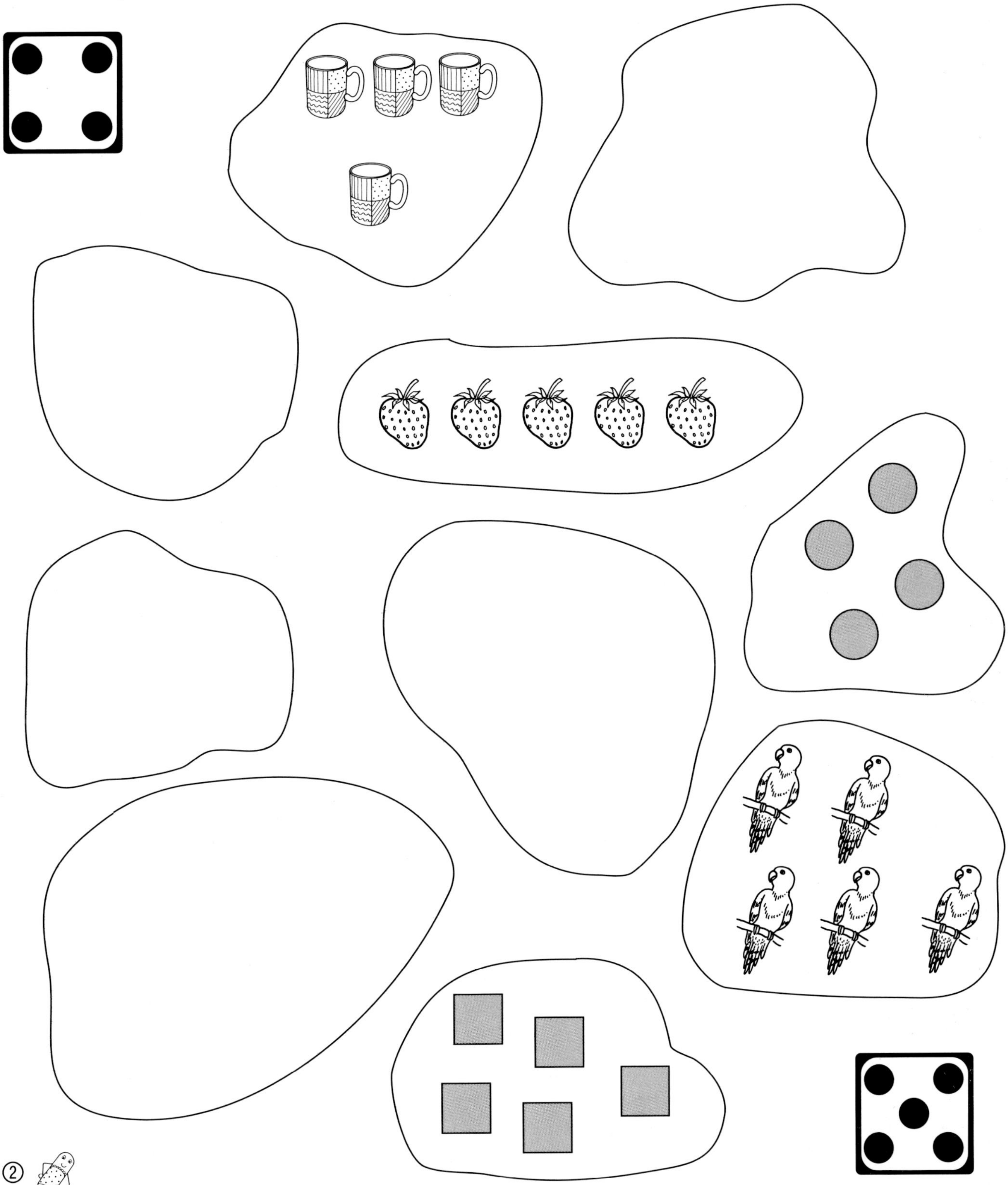

②

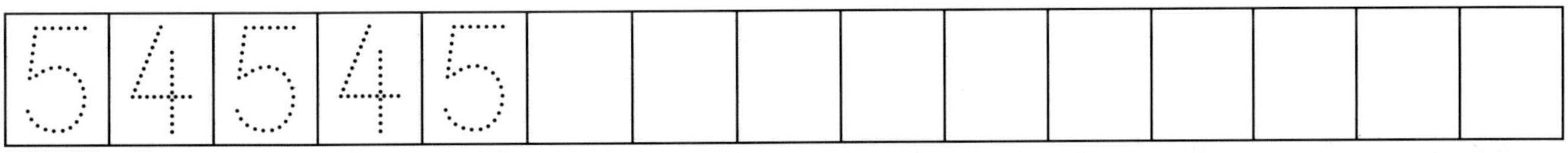

① Korrespondierende Zuordnung durch Verbinden, 4er- bzw. 5er-Mengen malen
② Zahlen nachspuren und schreiben

© Persen Verlag GmbH, Horneburg

① Immer **5**! Ergänze.

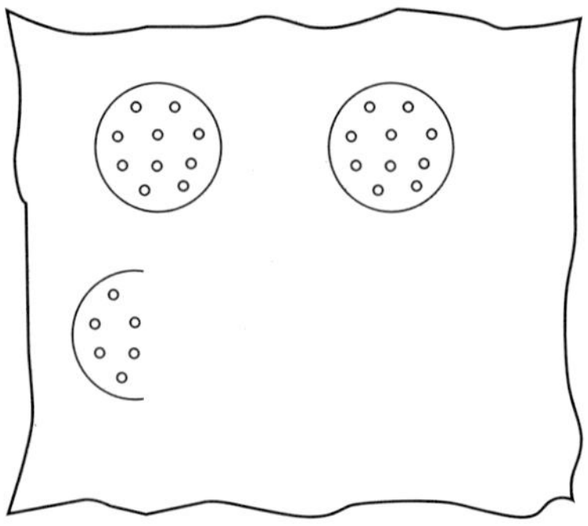

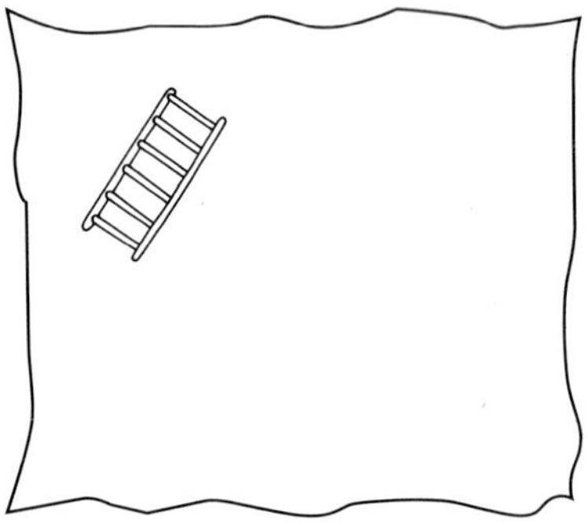

② Immer **4**! Ergänze.

③ Immer **3**! Ergänze.

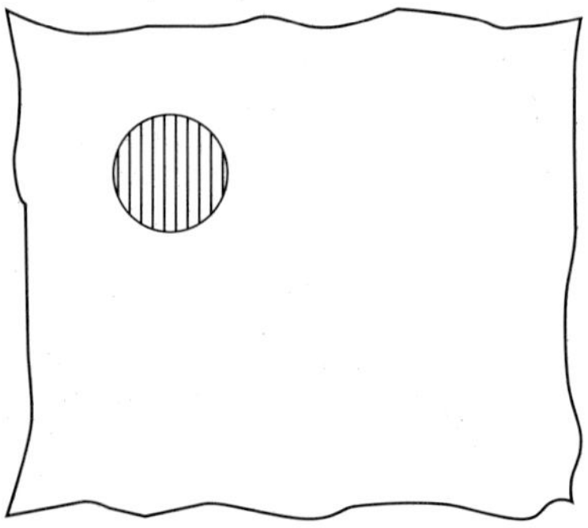
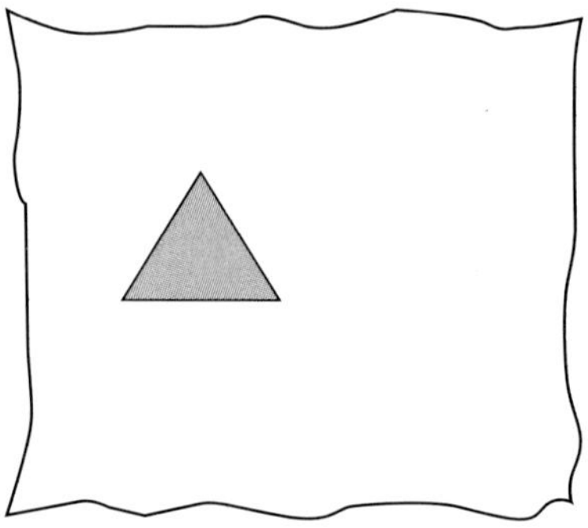
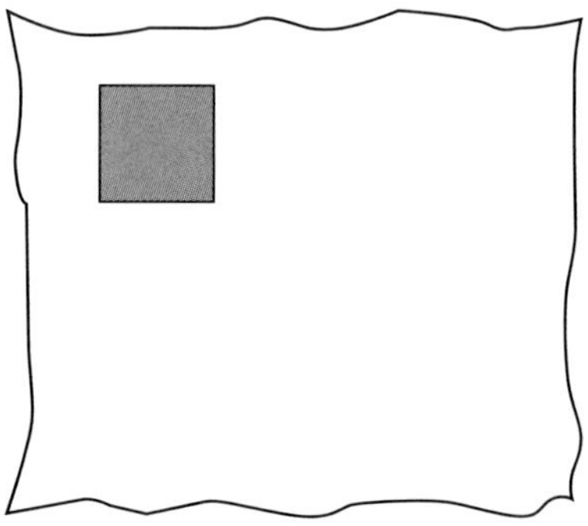

④

5	3	5	3	5										

5	4	5	4	5										

①–③ Bilder nach Aufgabenstellung ergänzen ④ Zahlen nachspuren, schreiben

© Persen Verlag GmbH, Horneburg

Die Zahl 5

①

4	5	3	2	1	0

②  Immer **5**! Ergänze.

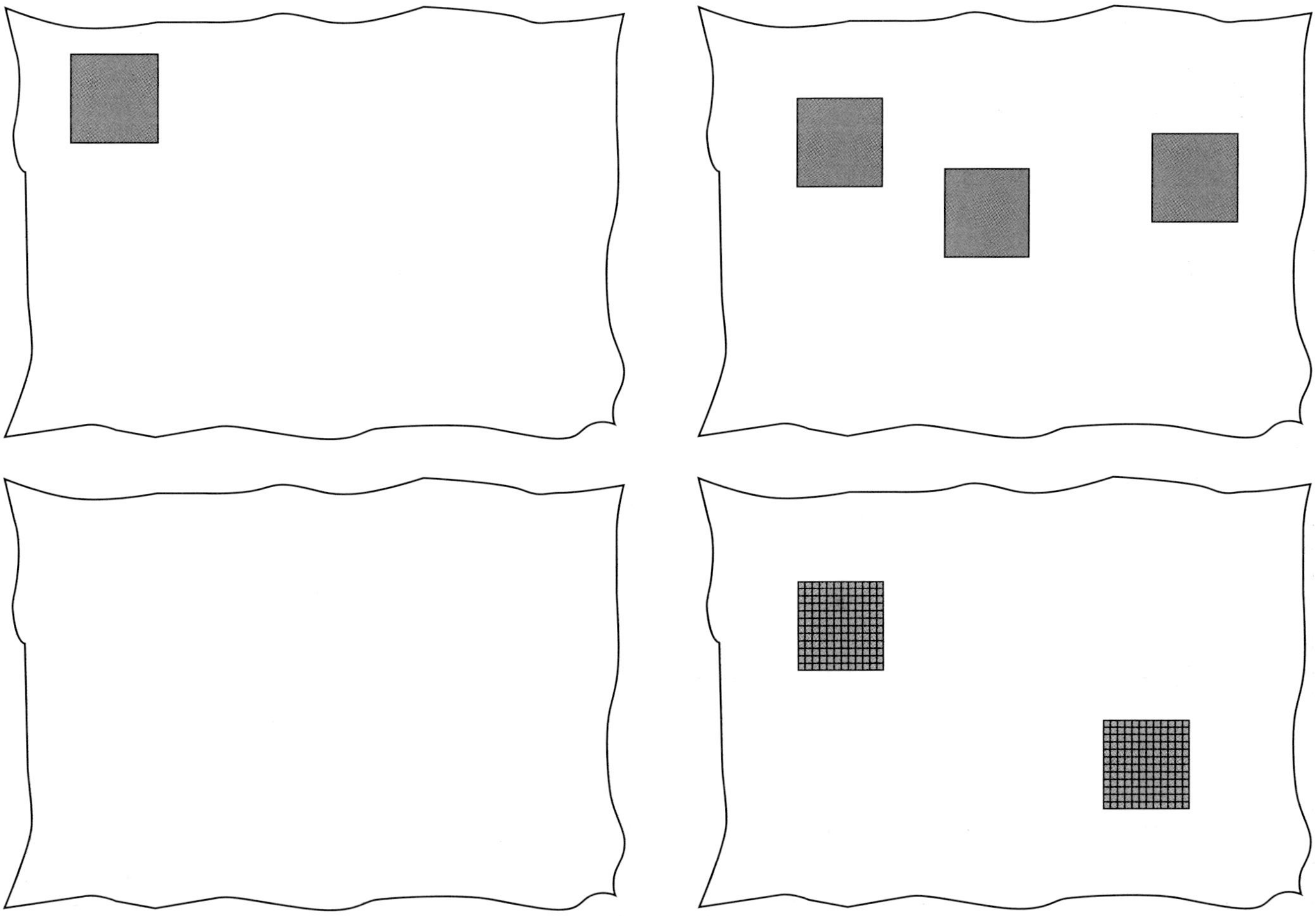

① Überzählige Elemente der Menge streichen, richtige Mengen anmalen
② Fehlende Vierecke ergänzen

© Persen Verlag GmbH, Horneburg

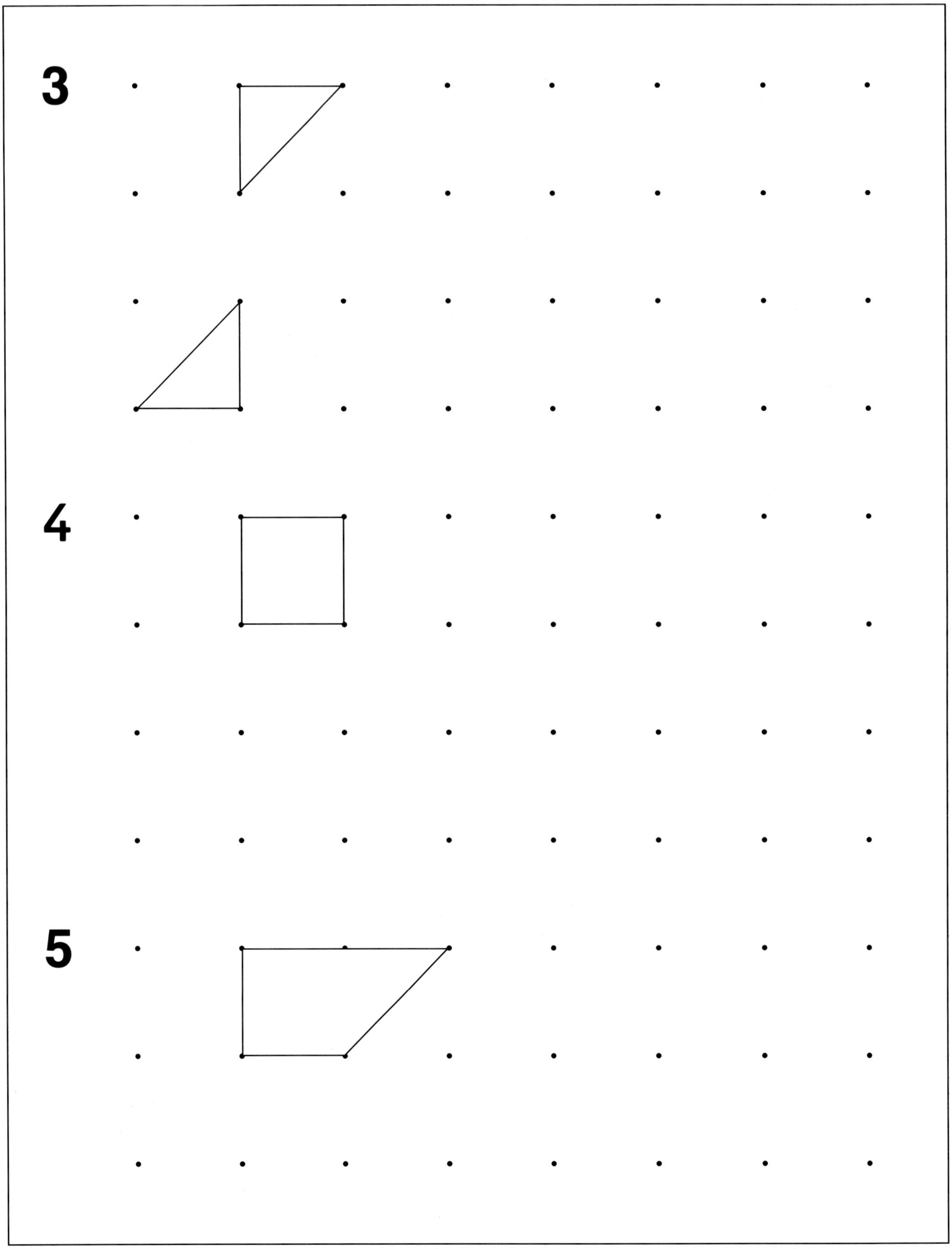

Punkte nach Mustervorgabe verbinden

Ellen Müller: Lernvoraussetzungen für den Anfangsunterricht in Mathematik
© Persen Verlag GmbH, Horneburg

Pass auf, Fehlerteufel!

① 

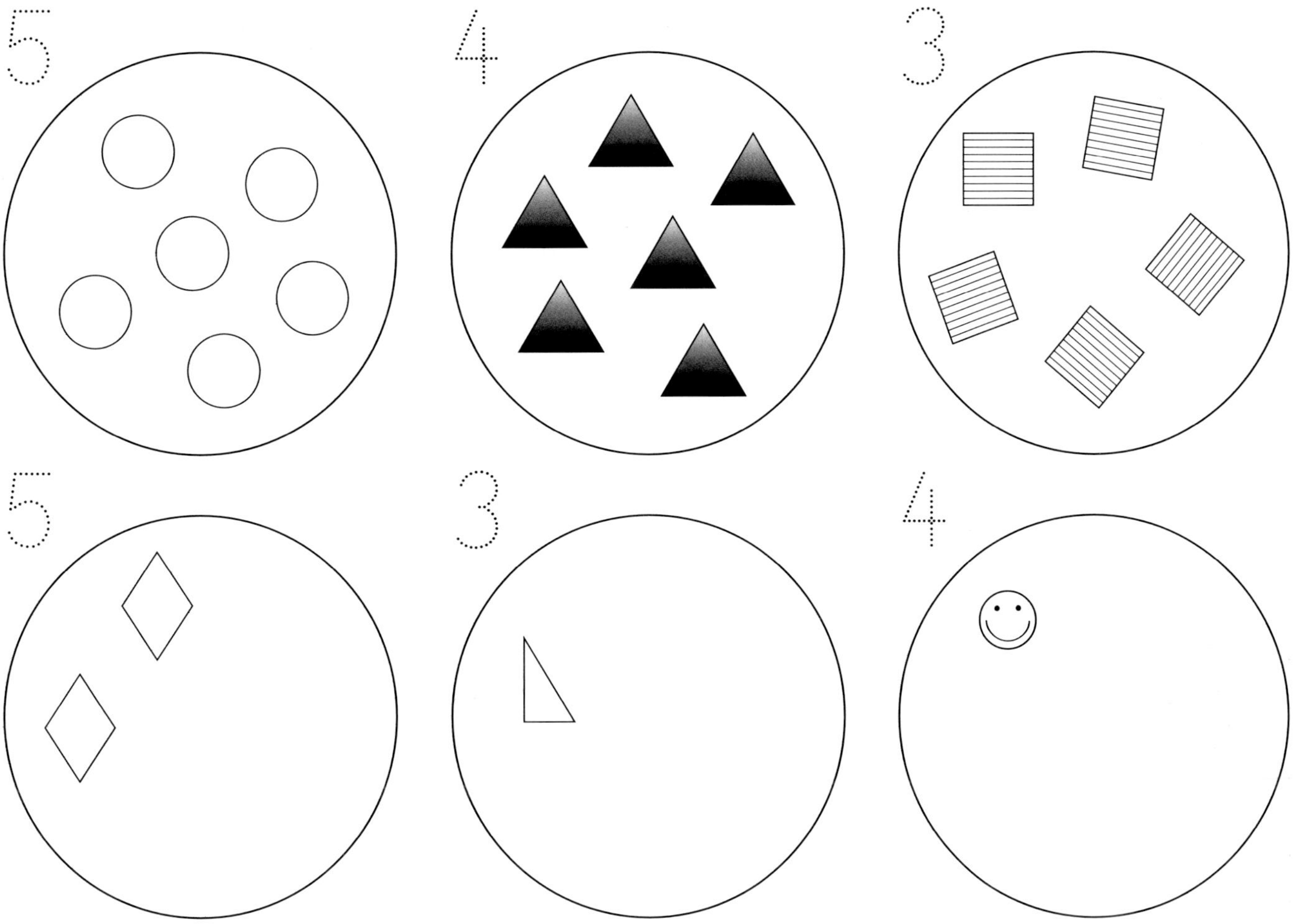

②  Immer ●● und ○○○.

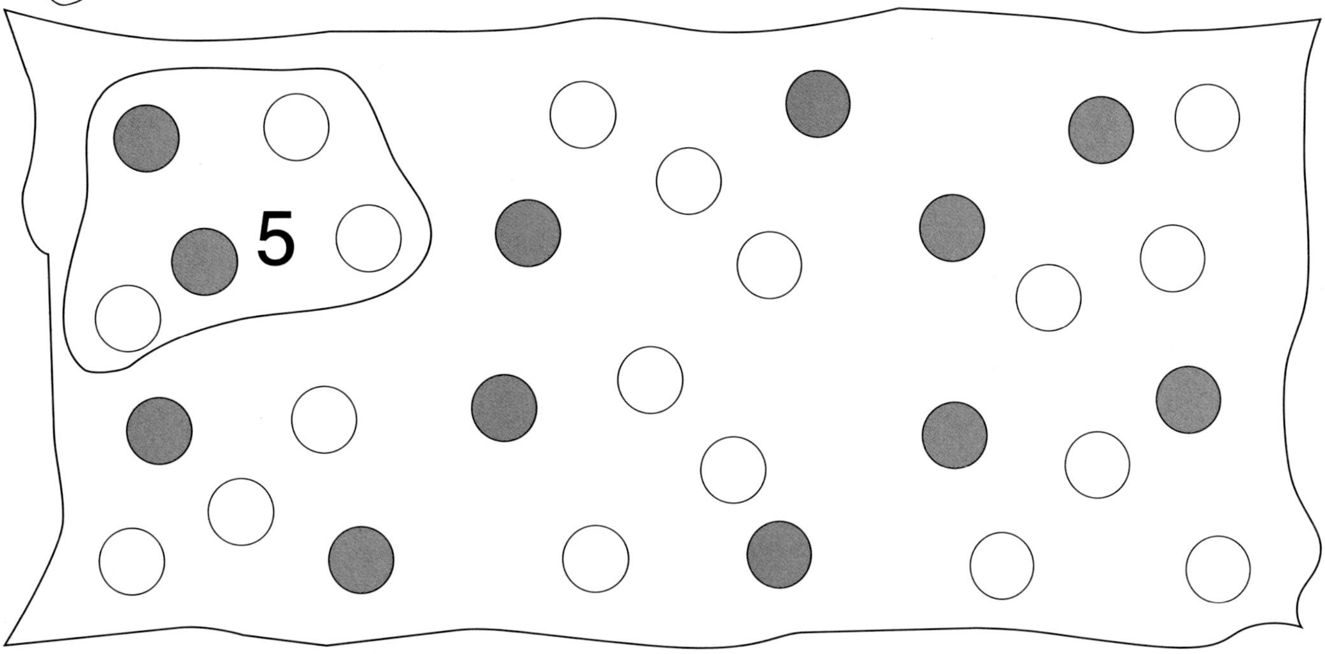

① Überzählige Elemente der Menge streichen bzw. fehlende Elemente der Menge einzeichnen
② 5er-Mengen lt. Aufgabenstellung bilden

© Persen Verlag GmbH, Horneburg

Zahlen vergleichen (6)

① Male die Punkte.

$5 > 3$	$4 < 5$	$2 < 5$
$3 > 2$	$4 > 0$	$4 = 4$
$5 = 5$	$1 > 0$	$3 < 5$

② Welche Zahl ist **kleiner**? Male den Luftballon gelb an.

③ Welche Zahl ist **kleiner**? Schreibe auf.

① Würfelpunkte nach Aufgabenstellung einzeichnen
② Zahlen vergleichen, nach Aufgabenstellung anmalen
③ Eine kleinere Zahl finden und aufschreiben

Ellen Müller: Lernvoraussetzungen für den Anfangsunterricht in Mathematik
© Persen Verlag GmbH, Horneburg

① Streiche immer die **größere** Zahl durch.

~~5~~	2	4	5	4	5	2
3	4	5	2	3	1	5

② Vergleiche die Zahlen. Setze die Zeichen >, < oder = ein.

5		4
2		5
4		2
3		5
0		2

3		2
5		1
3		0
5		5
1		3

4		1
1		5
5		4
4		3
2		4

③ Welche Zahl ist **kleiner**? Schreibe auf.

① Zahlen vergleichen, größere Zahl streichen
② Zahlen vergleichen, Relationszeichen einsetzen
③ Eine kleinere Zahl finden und aufschreiben

① Vergleiche. Setze die Zeichen >, < oder = ein.

5	>	3
2		

4		3

② Streiche falsche Aufgaben durch.

$5 > 4$		$2 > 5$		$3 > 5$		$1 < 5$

$3 < 4$		$4 > 5$		$4 < 3$		$4 > 2$

$5 > 2$		$1 > 3$		$3 < 5$		$3 > 2$

① Zahlen zu den Würfelbildern beliebig aufschreiben, vergleichen, Relationszeichen einsetzen
② Aufgaben auf ihre Richtigkeit überprüfen, falsche Aussagen durchstreichen

Ellen Müller: Lernvoraussetzungen für den Anfangsunterricht in Mathematik
© Persen Verlag GmbH, Horneburg

Zahlen vergleichen

Schreibe die Aufgaben von der Tafel ab.
Setze die Zeichen >, < oder = ein.

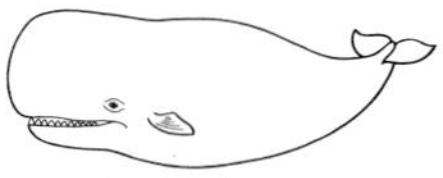

Blankoseite zum Zahlenvergleich: Vorgegebene Zahlen von der Tafel abschreiben und richtiges Relationszeichen einsetzen

© Persen Verlag GmbH, Horneburg

Teste dich! (1)

①	1 □ 5	1 < 5	☺
②	2 □ 4	2 < 4	☺
③	3 □ 3	3 = 3	☺
④	2 □ 1	2 > 1	☺
⑤	2 □ 5	2 < 5	☺
⑥	0 □ 4	0 < 4	☺
⑦	4 □ 5	4 < 5	☺
⑧	3 □ 4	3 < 4	☺
⑨	5 □ 5	5 = 5	☺
⑩	5 □ 3	5 > 3	☺

① An der Strichpunktlinie knicken, Mengen einzeichnen, Zahlen vergleichen, Relationszeichen einsetzen
② Lösungen vergleichen, bei richtiger Lösung Smiley gelb anmalen

Ellen Müller: Lernvoraussetzungen für den Anfangsunterricht in Mathematik
© Persen Verlag GmbH, Horneburg

Teste dich! (2)

①	5 ☐ 4	5 > 4	☺
②	3 ☐ 3	3 = 3	☺
③	2 ☐ 3	2 < 3	☺
④	4 ☐ 4	4 = 4	☺
⑤	5 ☐ 1	5 > 1	☺
⑥	3 ☐ 5	3 < 5	☺
⑦	4 ☐ 3	4 > 3	☺
⑧	1 ☐ 3	1 < 3	☺
⑨	5 ☐ 2	5 > 2	☺
⑩	5 ☐ 5	5 = 5	☺

① An der Strichpunktlinie knicken, Zahlen vergleichen, Relationszeichen einsetzen
② Lösungen vergleichen, bei richtiger Lösung Smiley gelb anmalen

© Persen Verlag GmbH, Horneburg

Zahlen zerlegen (1)

Immer  zerlegen.

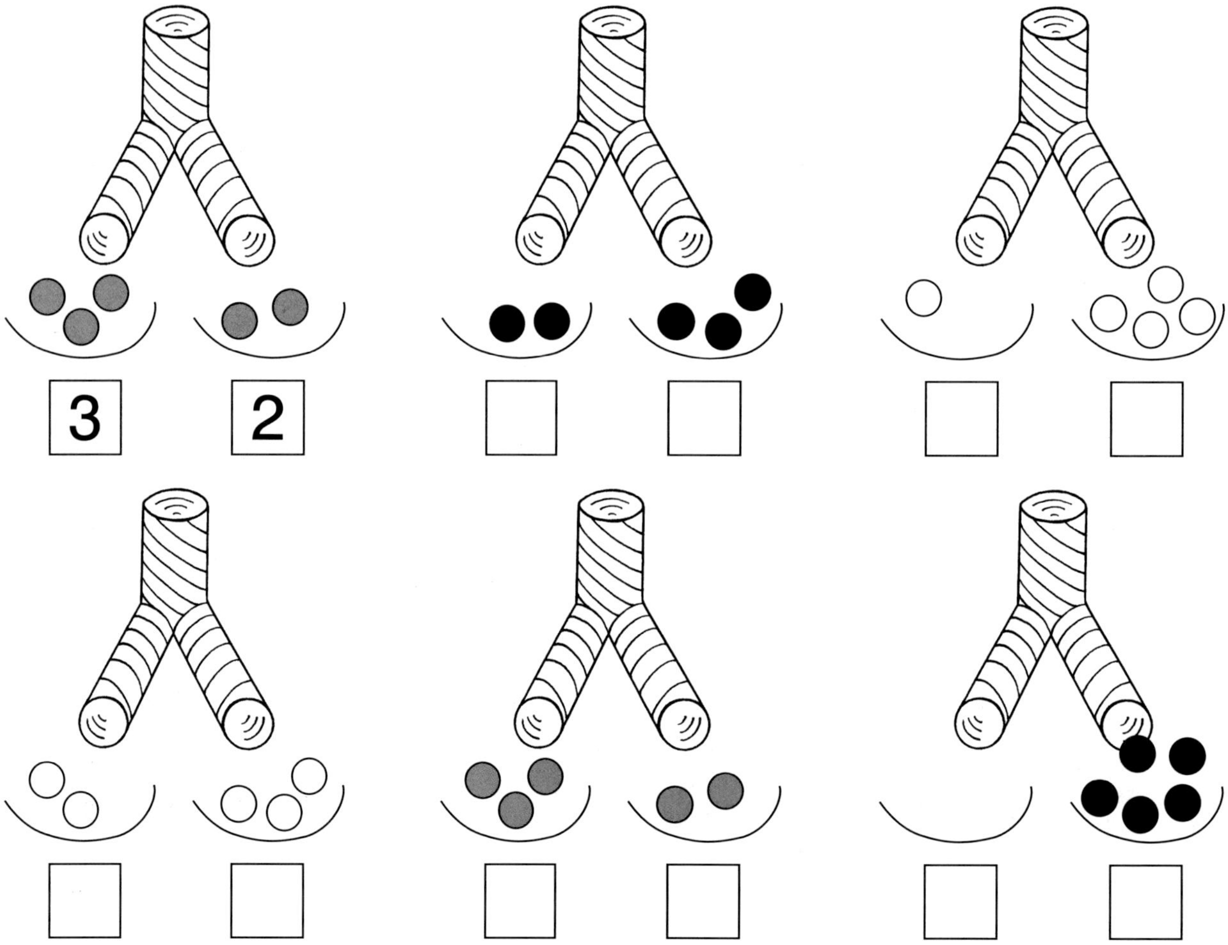

5er-Mengen zerlegen, Zahlen aufschreiben

Ellen Müller: Lernvoraussetzungen für den Anfangsunterricht in Mathematik
© Persen Verlag GmbH, Horneburg

Zahlen zerlegen (2)

① Zerlege.

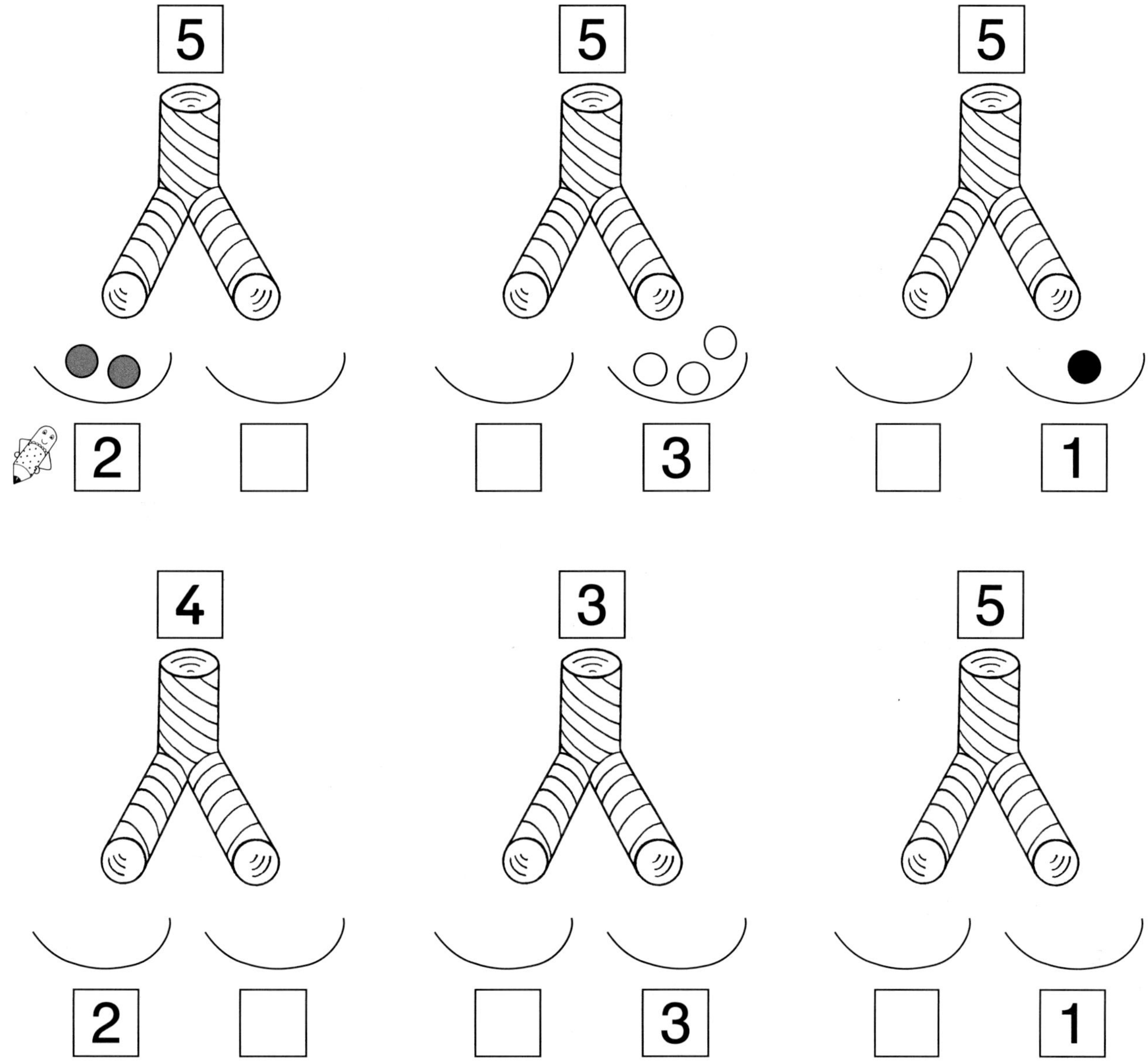

② Zerlege.

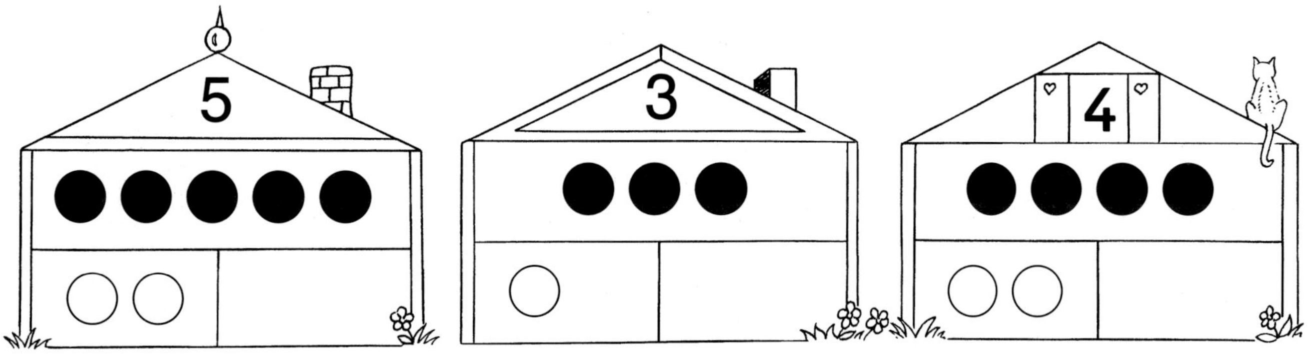

① Mengen zerlegen und malen, Zahlen notieren ② Mengen zerlegen und malen

© Persen Verlag GmbH, Horneburg

① Zerlege.

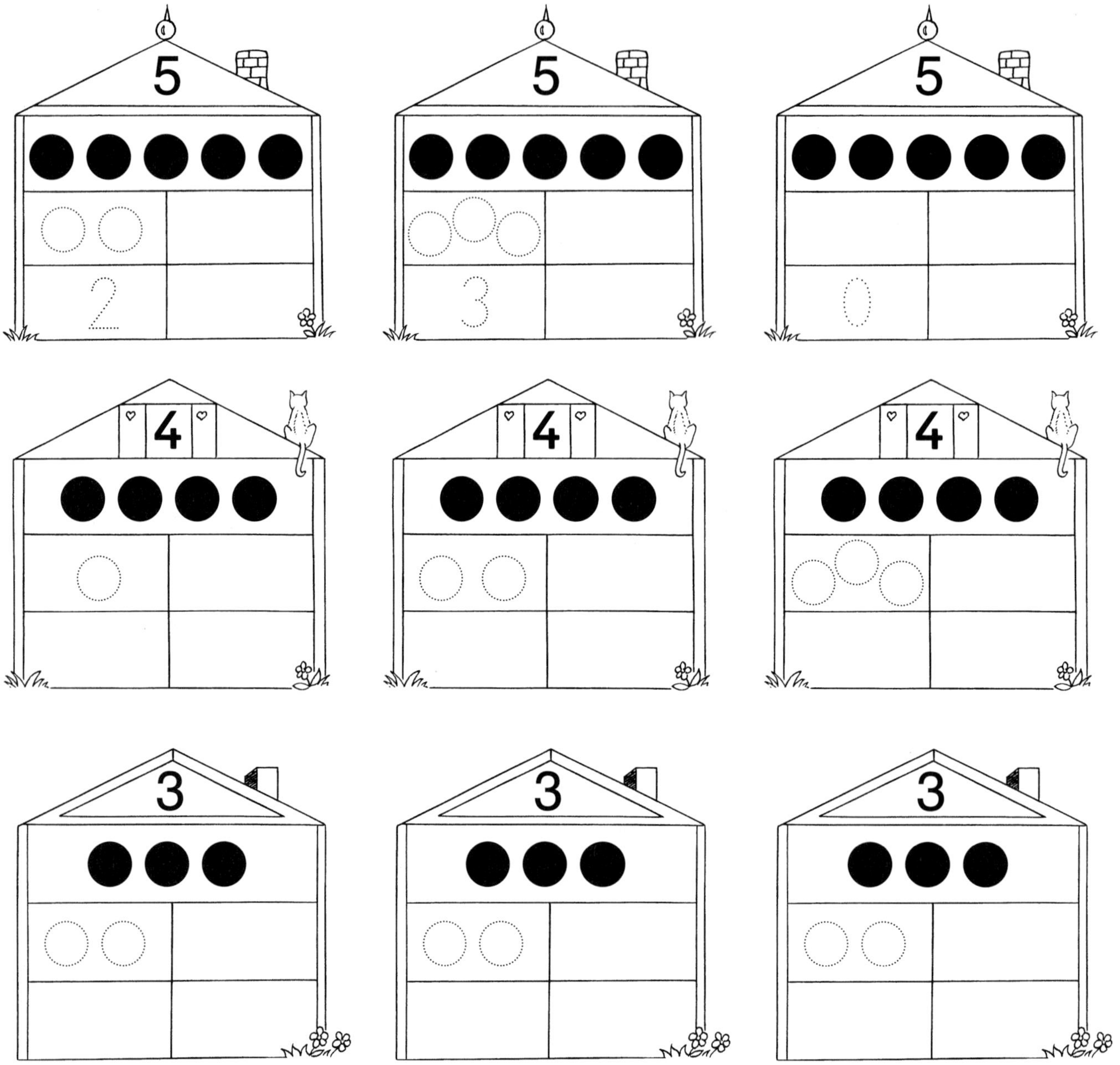

②

① Mengen zerlegen, fehlende Menge ergänzen, Zahlen notieren ② Zahlen zerlegen

Ellen Müller: Lernvoraussetzungen für den Anfangsunterricht in Mathematik
© Persen Verlag GmbH, Horneburg

①

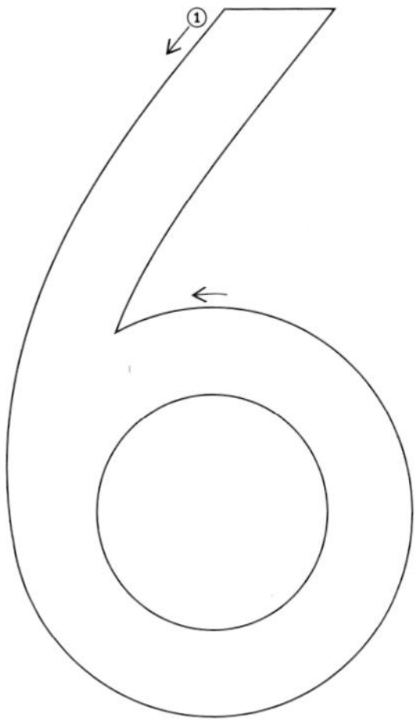

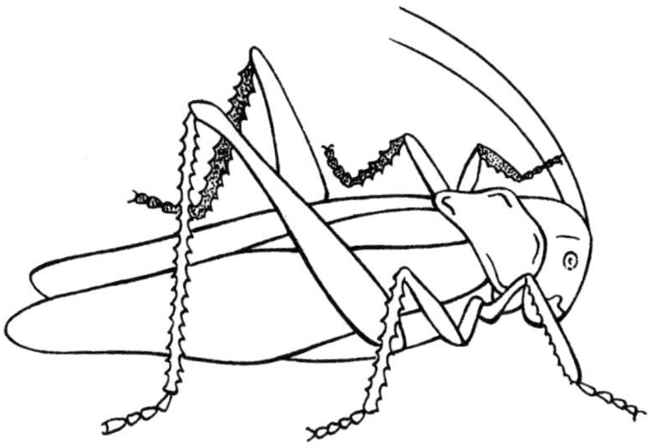

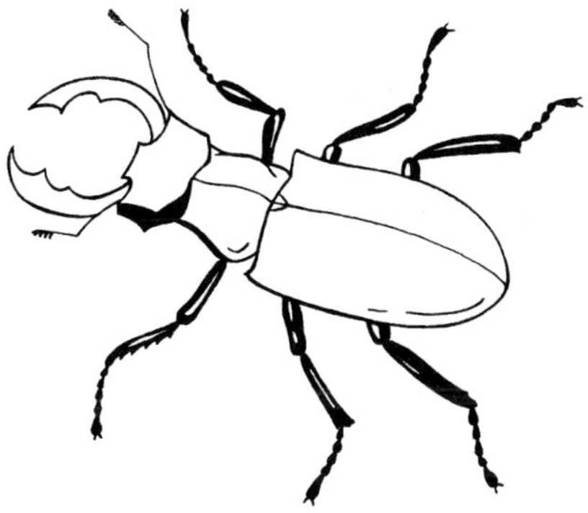

②

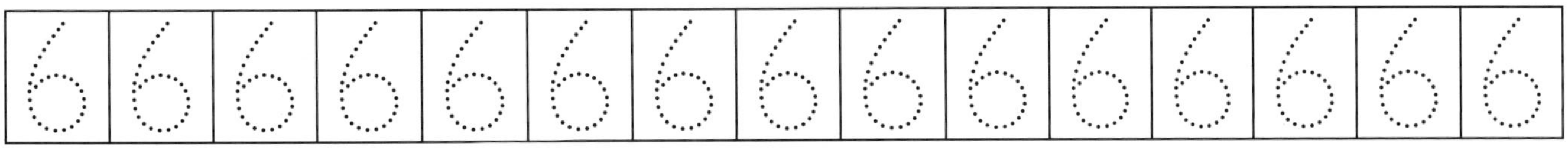

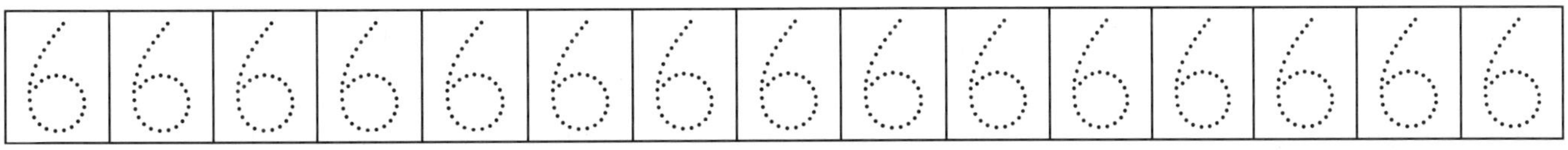

① Zahl mehrfach verschiedenfarbig nachspuren, Würfelpunkte eintragen
② Tiere mit 6 Beinen erkennen, anmalen ③ Zahlen nachspuren

© Persen Verlag GmbH, Horneburg

Die Zahl 6 schreiben

①

② Male auf jede Eistüte **6** Eiskugeln.

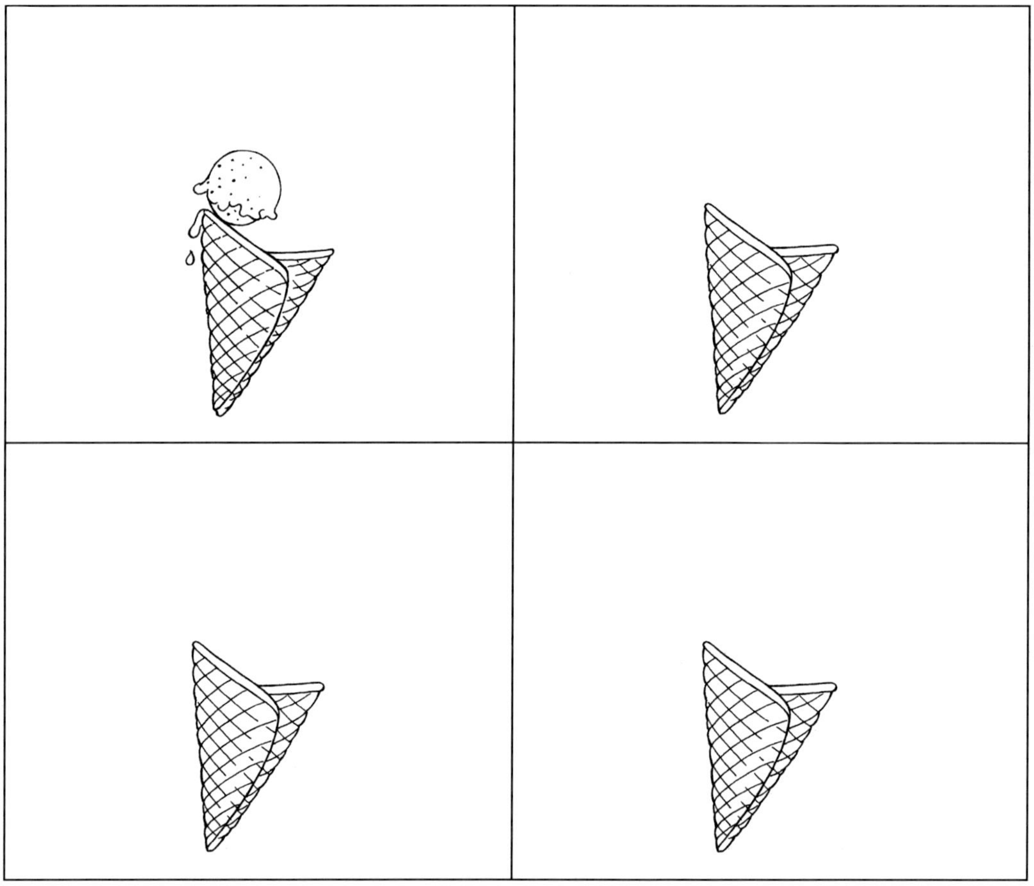

③

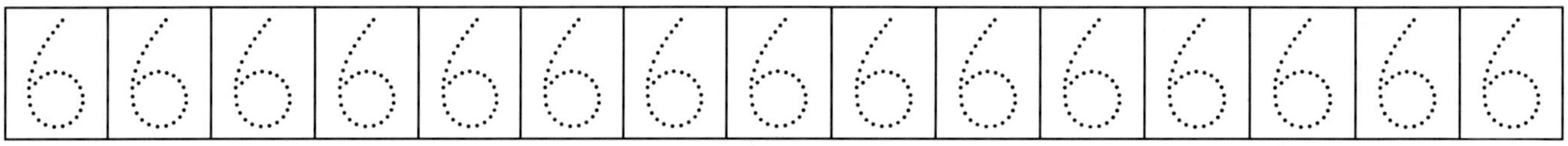

① Zahlen mehrfach verschiedenfarbig nachspuren, Würfelpunkte einzeichnen
② Jeweils 6 Eiskugeln auf die Eiswaffel zeichnen ③ Zahlen nachspuren, schreiben

© Persen Verlag GmbH, Horneburg

Die Zahl 6 schreiben

①

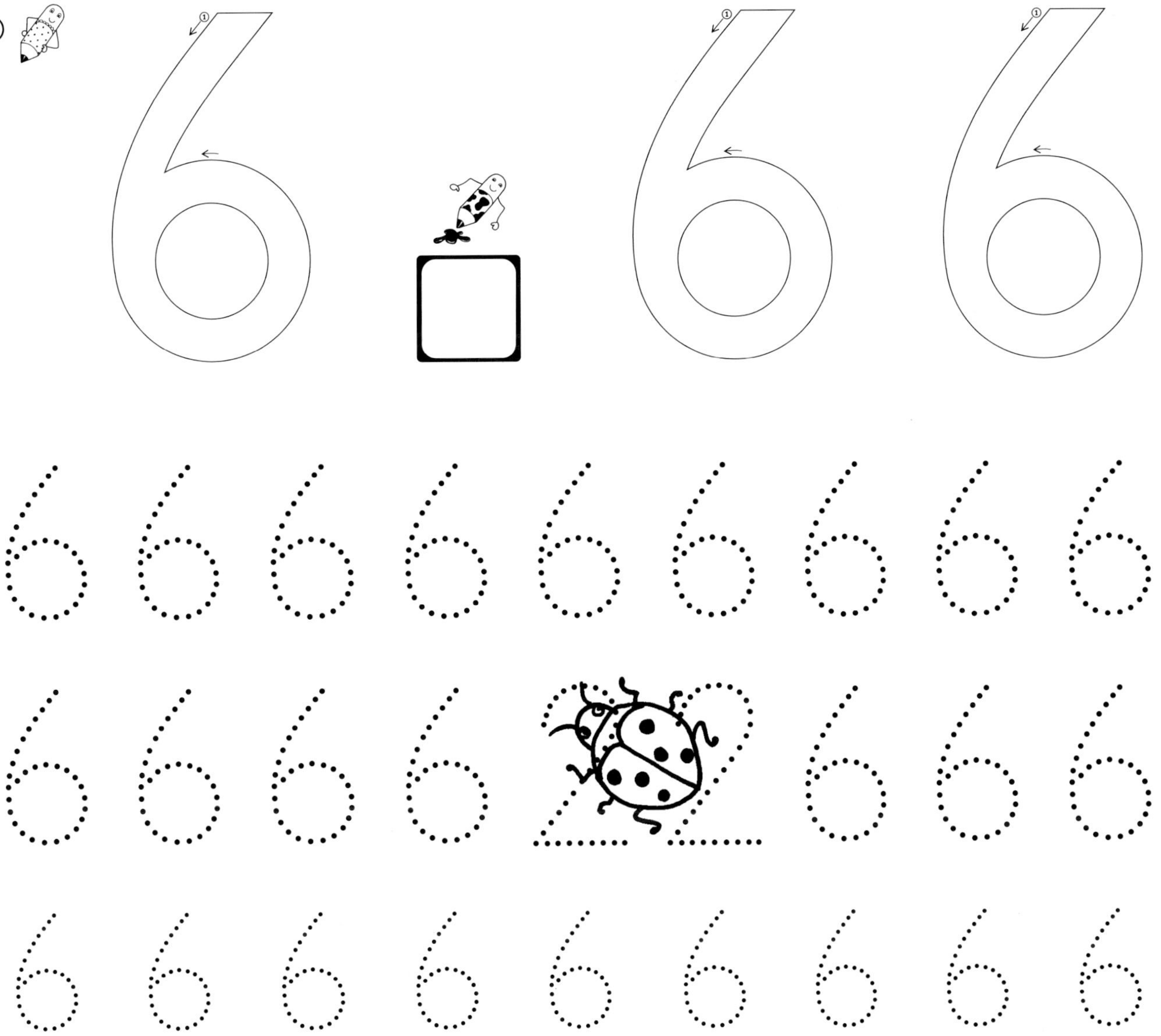

②

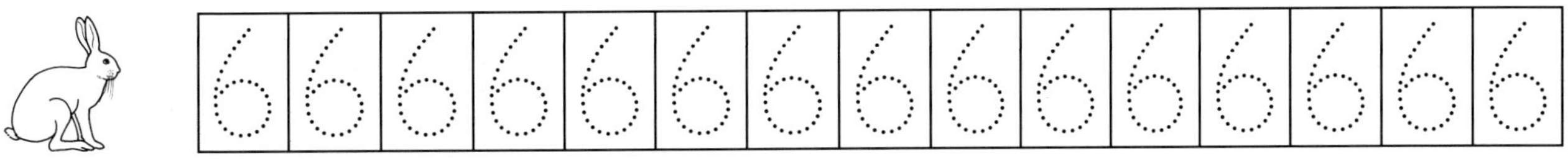

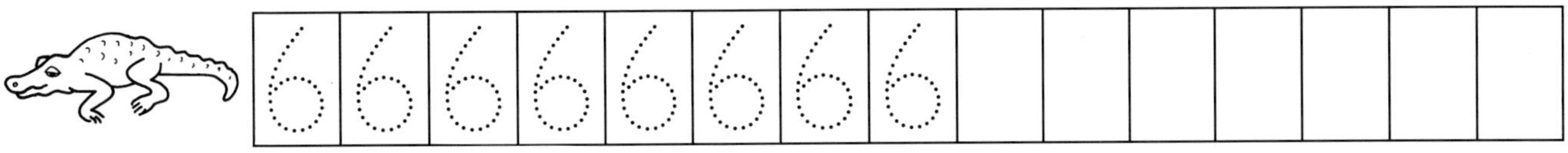

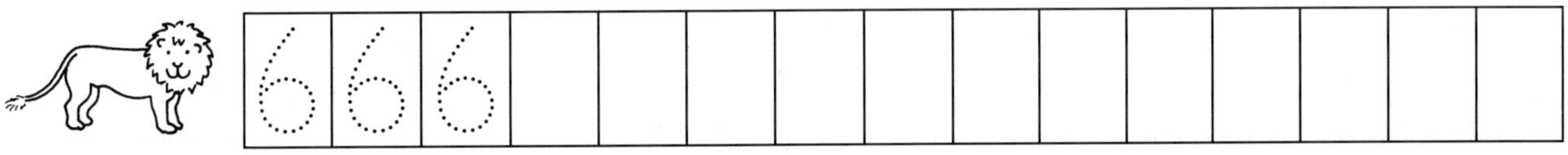

① Zahlen mehrfach verschiedenfarbig nachspuren, Würfelpunkte einzeichnen
② Zahlen nachspuren, schreiben

© Persen Verlag GmbH, Horneburg

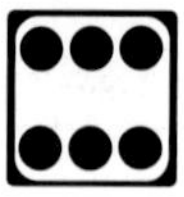

①  Immer **6**! Ergänze.

②  Immer **5**! Ergänze.

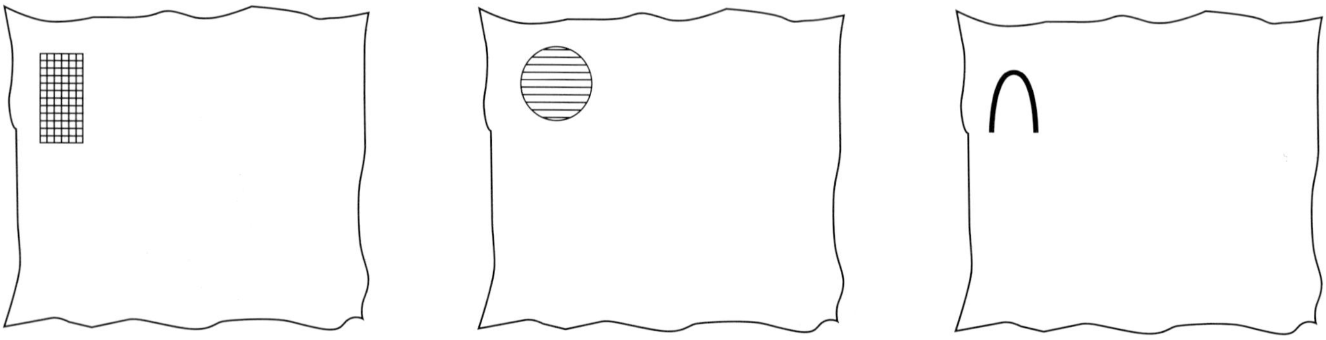

③  Immer **3**! Ergänze.

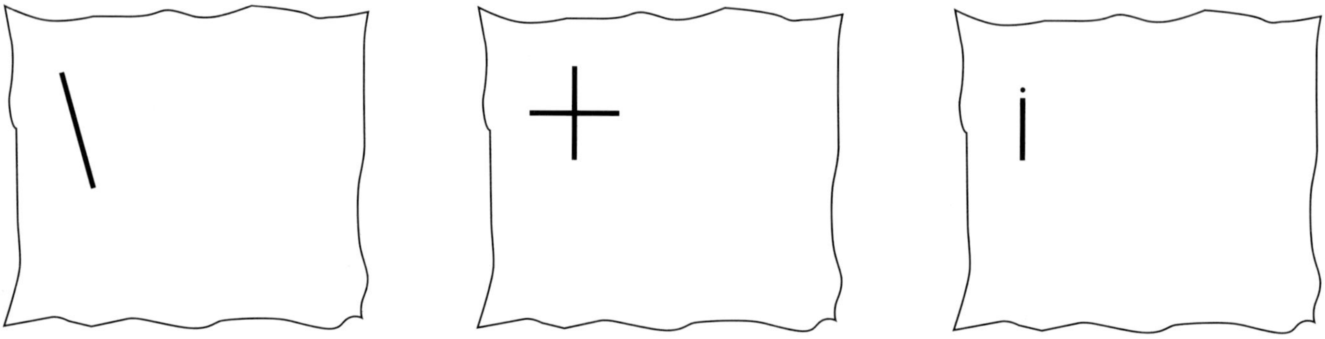

④  Übe.

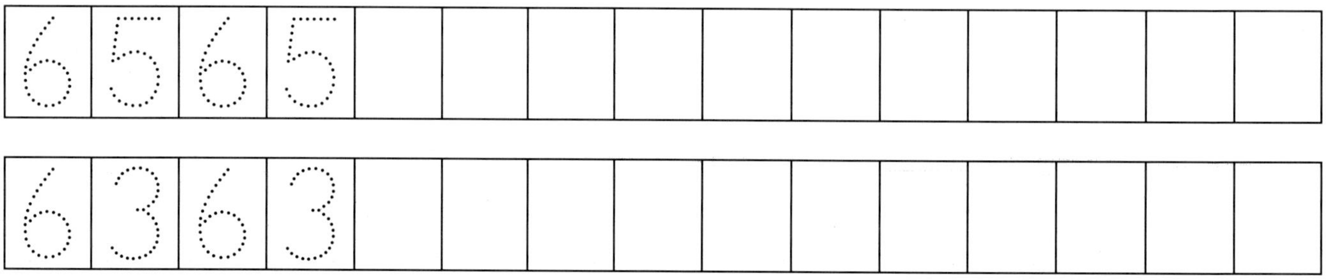

①–③ Bilder nach Aufgabenstellung ergänzen ④ Zahlen nachspuren, schreiben

Ellen Müller: Lernvoraussetzungen für den Anfangsunterricht in Mathematik
© Persen Verlag GmbH, Horneburg

Pass auf, Fehlerteufel!

①

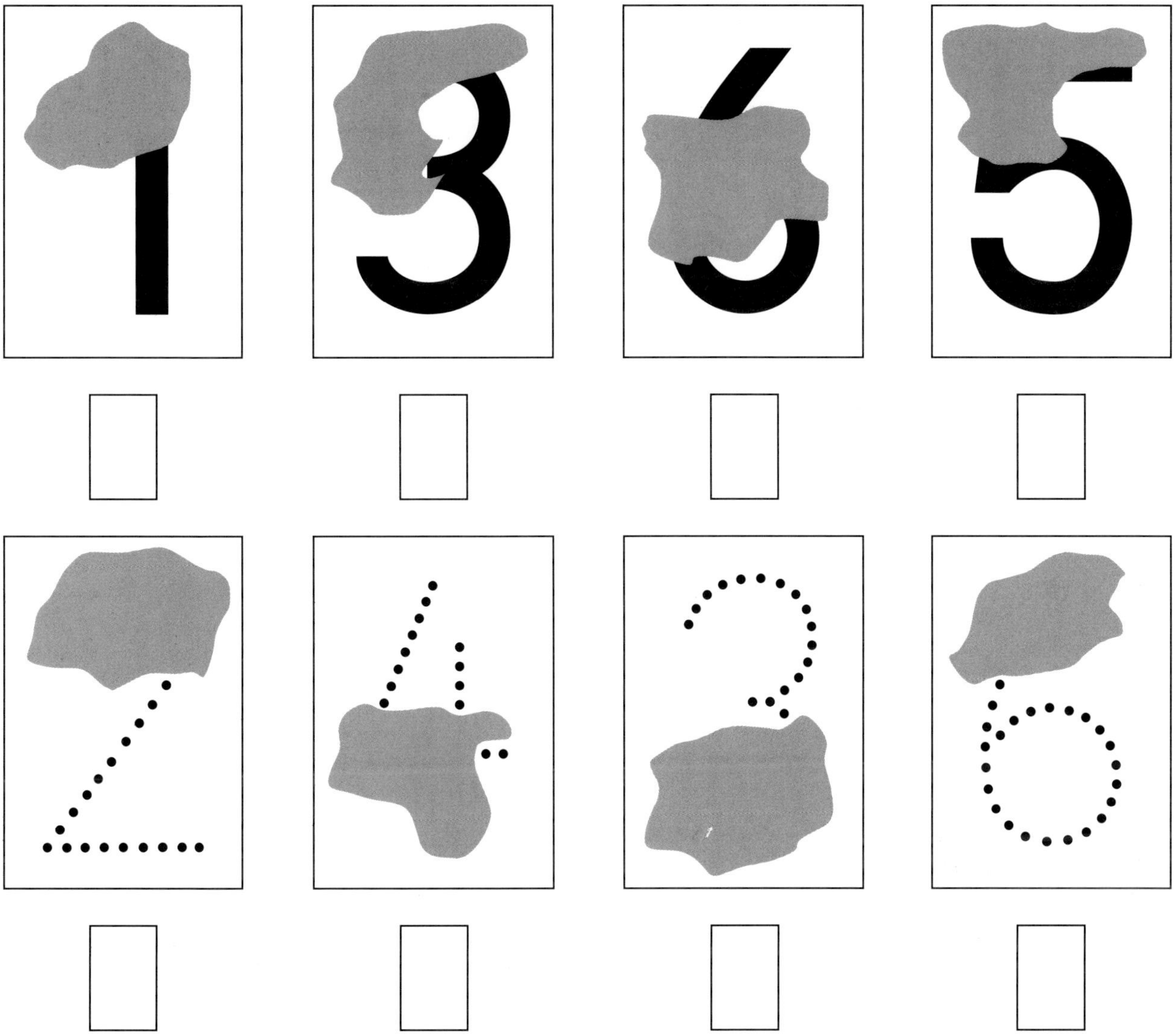

②

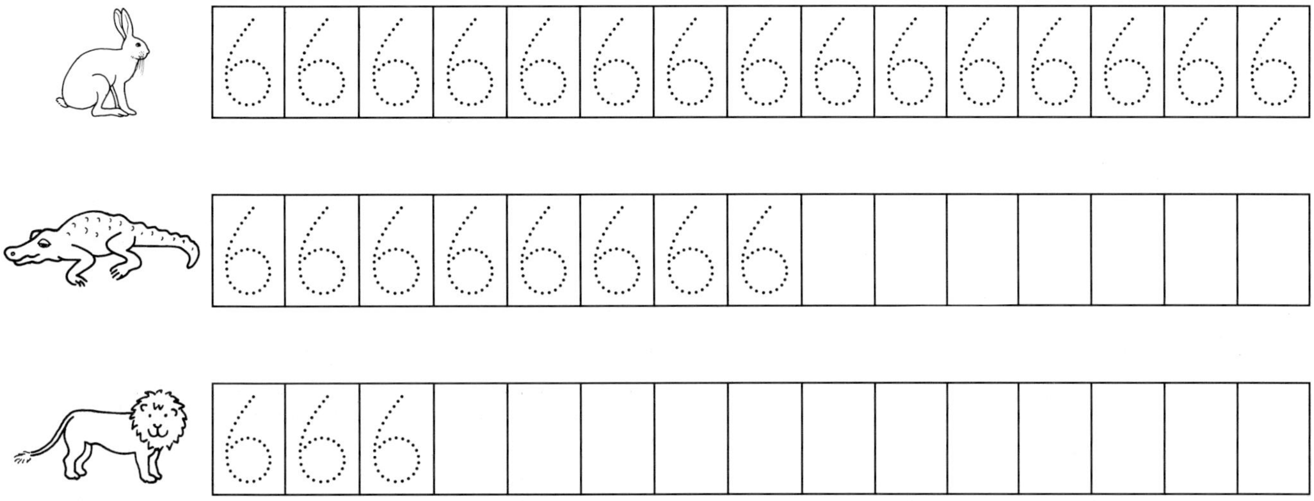

① Zahlen erkennen, vervollständigen, notieren ② Zahlen nachspuren, schreiben

© Persen Verlag GmbH, Horneburg

Wie viele? (1)

①

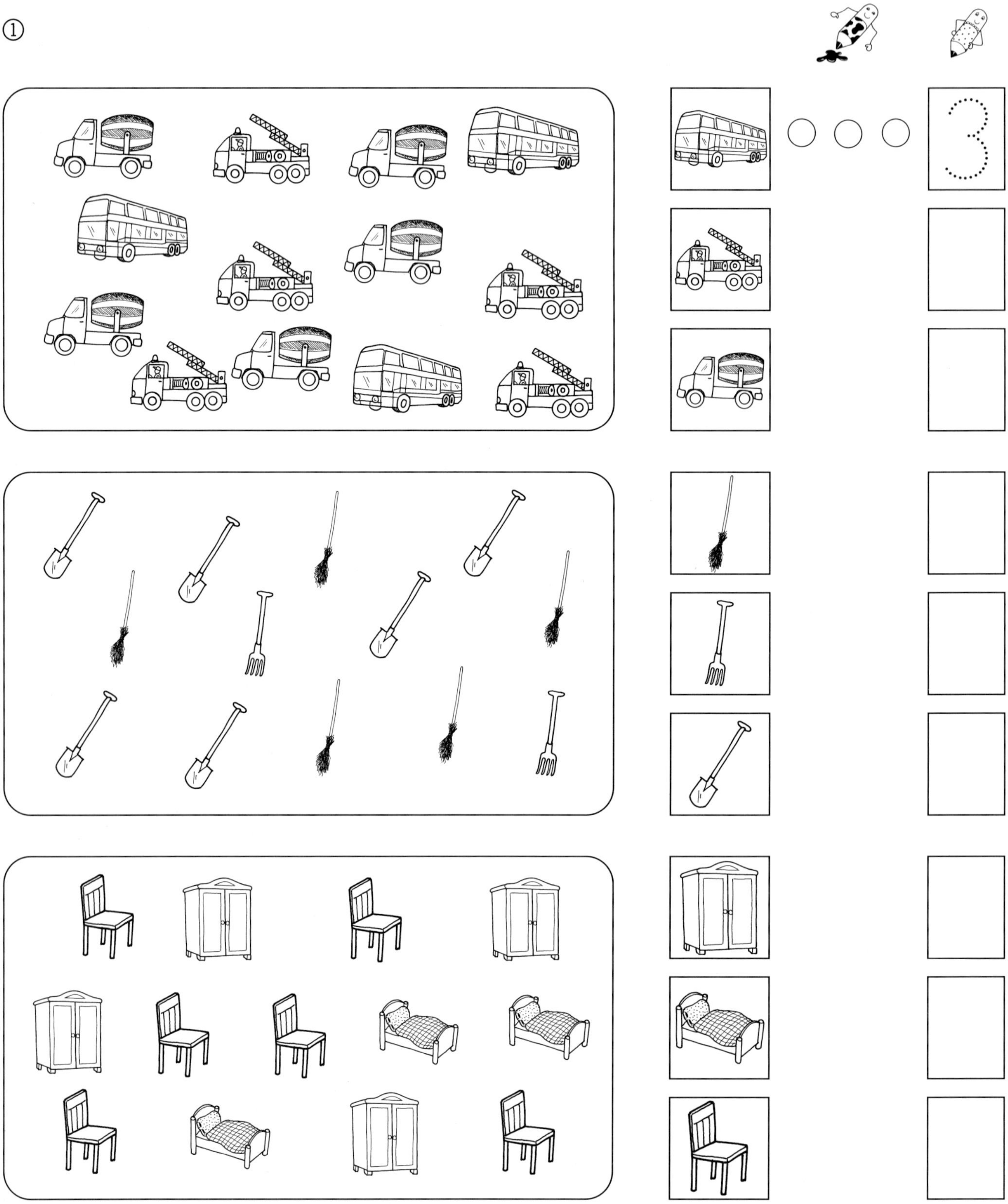

② 

5 6 5 6 5 6 5 6 5 6 5 6 5 6 5

① Korrespondierende Zuordnung: Gegenstandsvertreter malen, Anzahl aufschreiben
② Zahlen nachspuren

© Persen Verlag GmbH, Horneburg

Wie viele? (2)

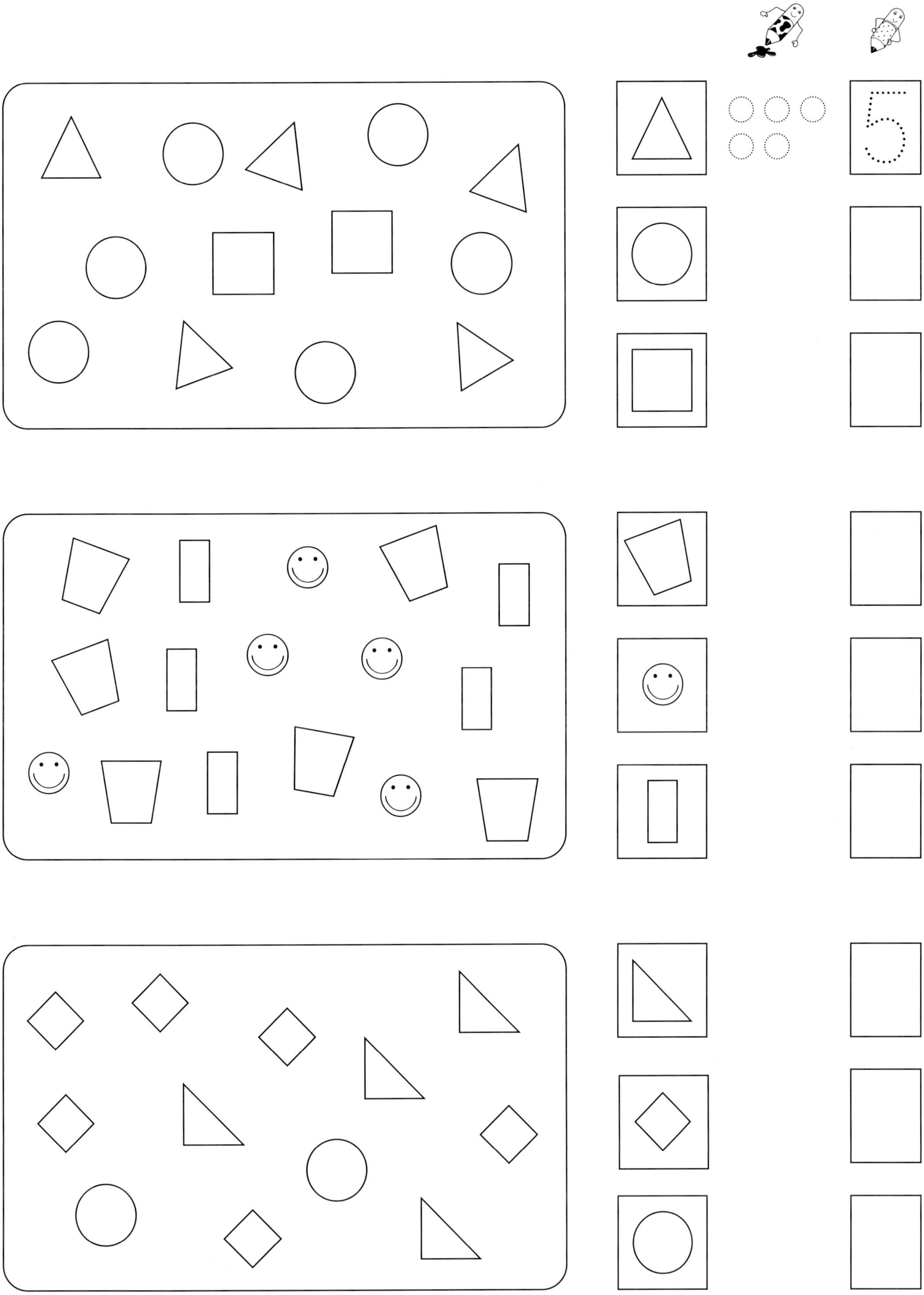

Anzahl der Gegenstandsvertreter als Punkte malen (abstreichen), Anzahl aufschreiben

© Persen Verlag GmbH, Horneburg

Unsere Münzen (1)

①

② Immer **6** Cent!

① Vorder- und Rückseite der Münzen zuordnen ② Immer 6 ct einkreisen

© Persen Verlag GmbH, Horneburg

Unsere Münzen (2)

① Wie viel kostet es?

€

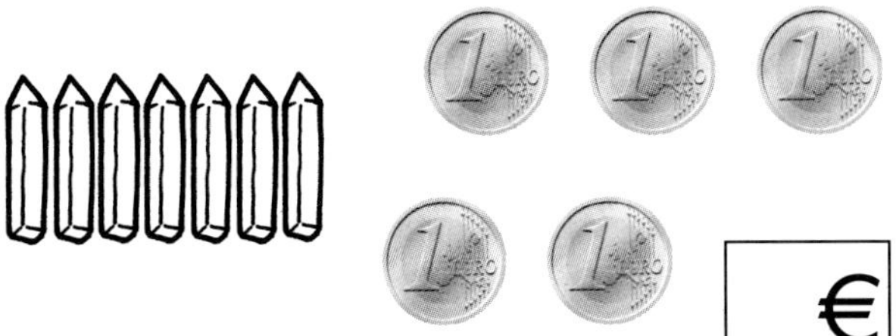

€

€

€

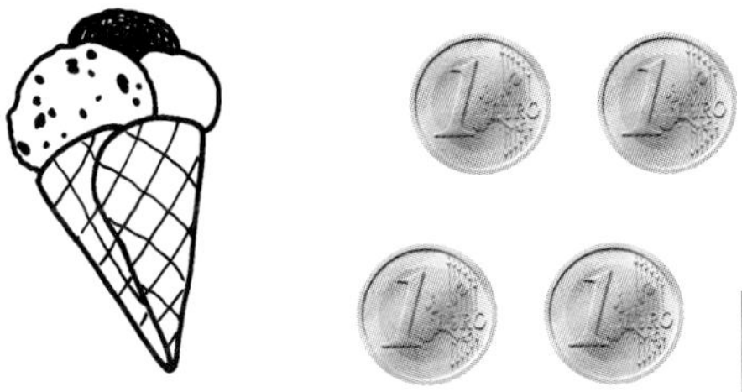

€

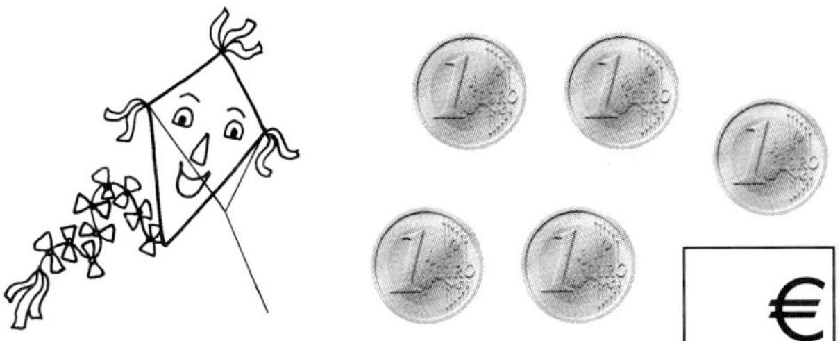

€

② Lege und male in jede Spardose 6 €.

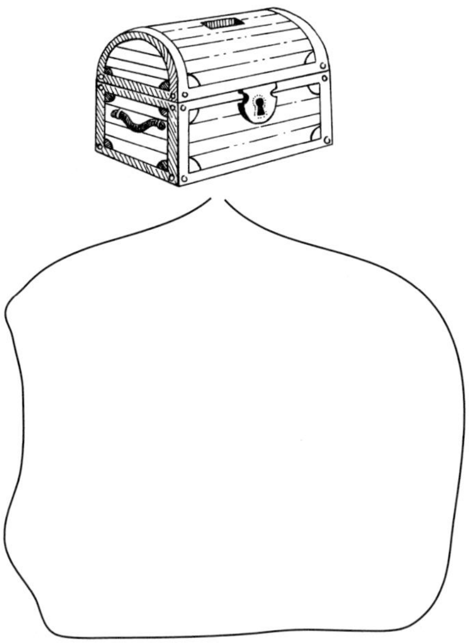

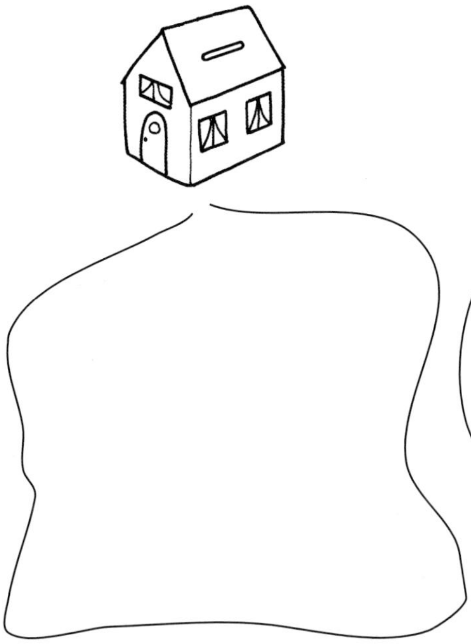

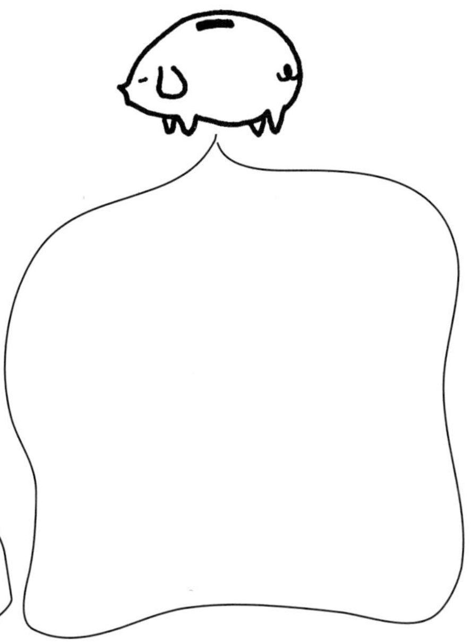

① Addieren, Geldbeträge notieren ② Immer 6 Euro in Münzen legen und zeichnen

© Persen Verlag GmbH, Horneburg

Zahlen vergleichen (8)

① Vergleiche die Zahlen. Setze die Zeichen >, < oder = ein.

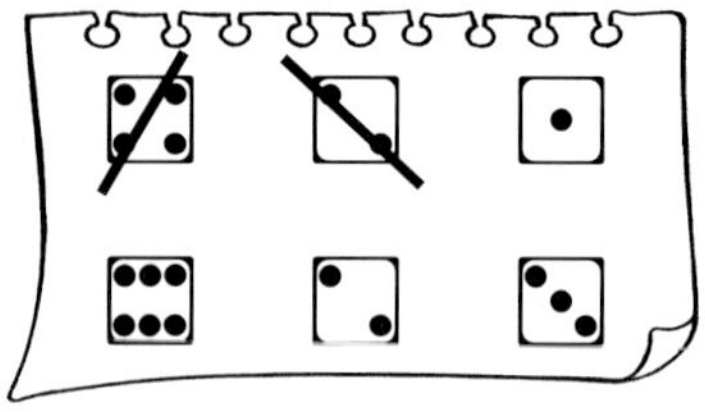

4	>	2
1		

3		3

5	<	6
4		

3		5

② Setze Zahlen ein.

	>	
	=	
	<	

	=	
	=	
	>	

	<	
	=	
	>	

① Zahlen entsprechend der Vorgabe einsetzen, vergleichen, Relationszeichen einsetzen
② Zahlenvergleiche finden

Ellen Müller: Lernvoraussetzungen für den Anfangsunterricht in Mathematik
© Persen Verlag GmbH, Horneburg

Zahlen vergleichen (9)

① Vergleiche die Zahlen. Setze die Zeichen >, < oder = ein.

3 4 6
2 5 5

3		4

2 0 5
6 2 4

5 6 3
3 4 1

2 5 3
4 4 6

2		5

6 6 4
5 5 5

5 2 4
0 3 5

② Vergleiche die Zahlen. Setze die Zeichen >, < oder = ein.

3		0
6		6
3		3

5		3
2		5
2		2

4		6
0		5
2		3

① Zahlen entsprechend der Vorgabe einsetzen, vergleichen, Relationszeichen einsetzen
② Zahlen vergleichen, Relationszeichen einsetzen

© Persen Verlag GmbH, Horneburg

Zahlen vergleichen (10)

① Streiche immer die **größere** Zahl durch.

~~5~~	2	3	6	4	5	2
3	4	5	2	3	6	5

② Vergleiche die Zahlen. Setze die Zeichen >, < oder = ein.

5		4
2		5
4		2
3		5

3		2
5		1
3		0
5		5

4		1
1		5
5		4
4		3

③ Welche Luftballons sind weggeflogen?

0 1 2 3 4 6 ☐

0 2 3 4 5 6 ☐

0 1 3 4 5 6 ☐

0 1 2 3 4 5 ☐

① Zahlen vergleichen, größere Zahl durchstreichen ② Zahlen vergleichen, Relationszeichen einsetzen
③ Fehlende Zahl der Zahlenfolge aufschreiben

Ellen Müller: Lernvoraussetzungen für den Anfangsunterricht in Mathematik
© Persen Verlag GmbH, Horneburg

Pass auf, Fehlerteufel!

① Vergleiche die Zahlen. Setze die Zeichen >, < oder = ein.

6		4
5		6
3		3
3		4

5		3
1		5
4		4
3		5

4		2
4		3
6		3
2		2

② Welche Vergleiche sind falsch? **Streiche** durch.

4	>	3
5	=	6
3	<	3
3	<	4

5	>	3
1	>	5
4	=	4
3	<	5

1	=	1
4	=	5
6	>	3
2	<	3

③ Ergänze.

6	>	
4	=	
3	>	

2	=	
4	<	
1	<	

5	>	
3	<	
0	=	

① Zahlen vergleichen, Relationszeichen einsetzen
② Aufgaben auf ihren Wahrheitsgehalt überprüfen, falsche Aussagen durchstreichen
③ Wahre Zahlenvergleiche finden

© Persen Verlag GmbH, Horneburg

Zahlen zerlegen (4)

① Zerlege.

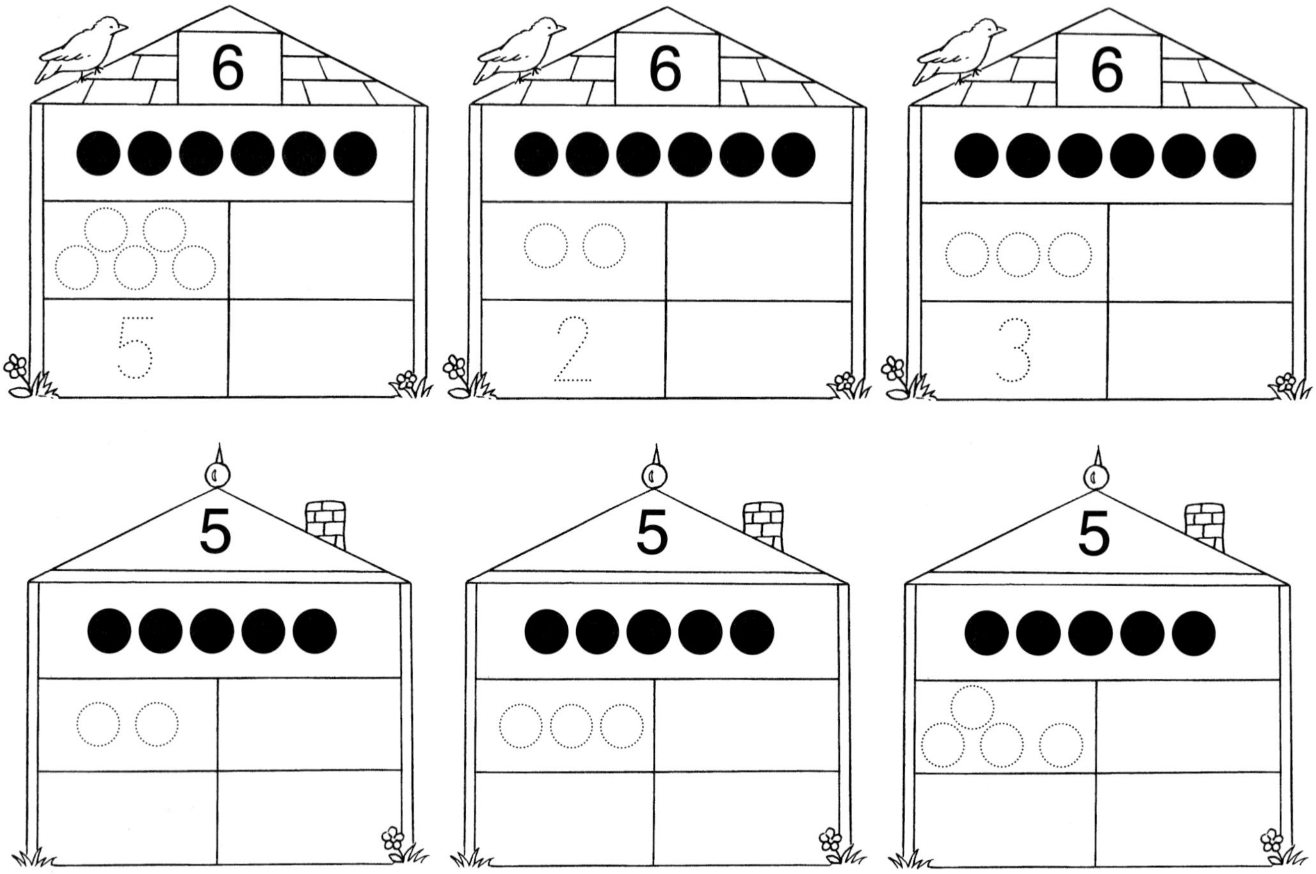

②

6	
4	2
3	
5	
2	
0	
1	

4	
2	
0	
3	
1	

① Mengen zerlegen, Teilmenge malen, Zahlen aufschreiben ② Zahlen zerlegen

© Persen Verlag GmbH, Horneburg

①

5	
4	
2	
3	
1	

3	
1	
3	
2	

6	
2	
3	
4	
6	
5	

3	
	0
	2
	3

5	
1	
4	
2	
0	
3	

2	
1	
0	
2	

② In welches Haus gehören diese Zahlen? Schreibe auf.

2	3
1	4

4	2
5	1

3	1
2	2

① Zahlen zerlegen ② Zahlzerlegung erkennen, Zahl des Hauses aufschreiben

© Persen Verlag GmbH, Horneburg

Zahlen zerlegen (6)

① Zerlege.

4	
	3
2	
1	

3	
1	
2	

2	
1	

5	
4	
	2
	1
3	
	0

6	
	3
5	
6	
	4
1	

② Immer **6**! Welche Zahlen gehören zusammen?

2 1 3 5

0 3 6 4

① Zahlen zerlegen ② Zahlen nach Aufgabenstellung anmalen

Ellen Müller: Lernvoraussetzungen für den Anfangsunterricht in Mathematik
© Persen Verlag GmbH, Horneburg

Zahlenreihe (1)

① Welchen Platz haben die Kinder? Finde ihren Sitzplatz im SAFARI-Zug.

②

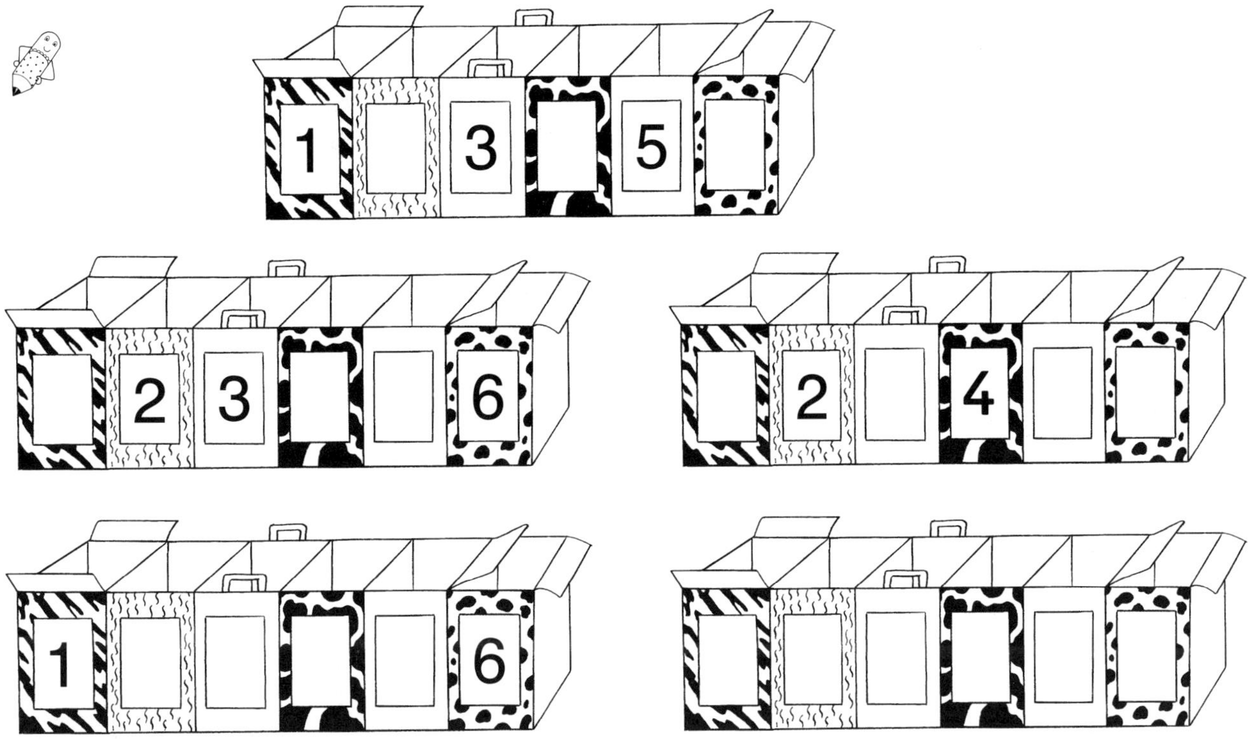

① Situationsbild als Gesprächsanlass nutzen, Kinder ihren Sitzplatz zuordnen
② Fehlende Zahlen ergänzen

© Persen Verlag GmbH, Horneburg

①

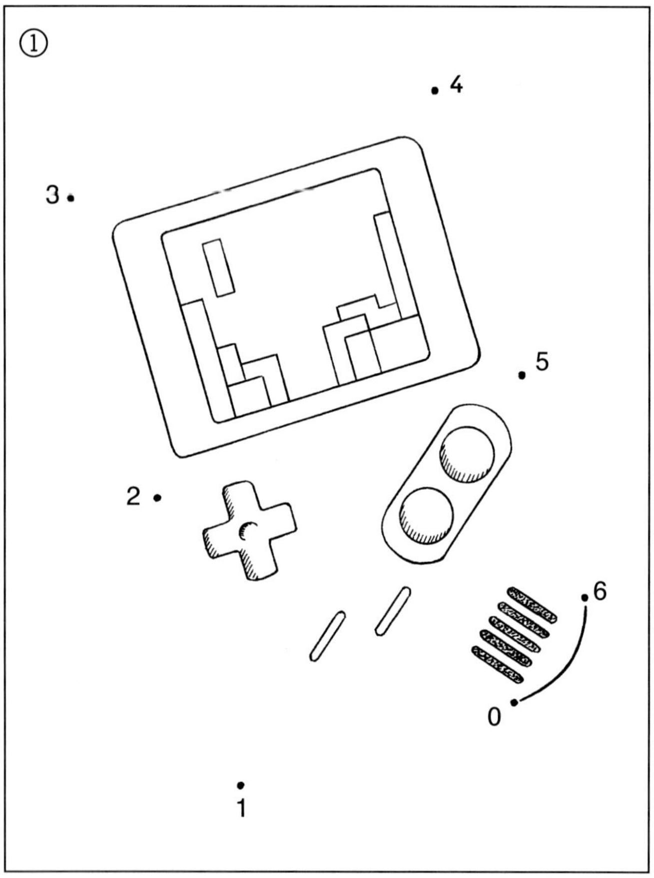

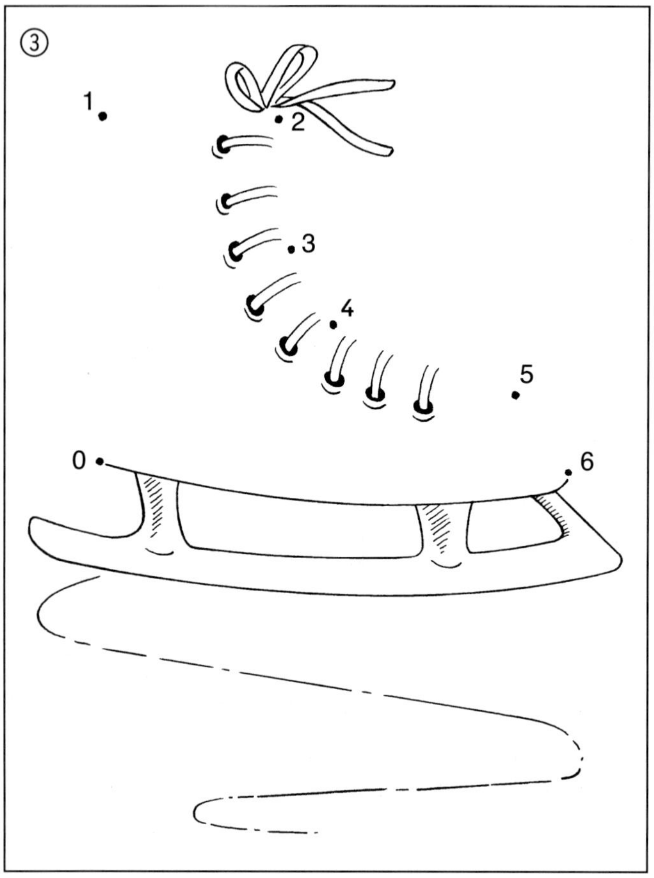

① Zahlen numerisch verbinden

Ellen Müller: Lernvoraussetzungen für den Anfangsunterricht in Mathematik
© Persen Verlag GmbH, Horneburg

Zahlenreihe (3)

①

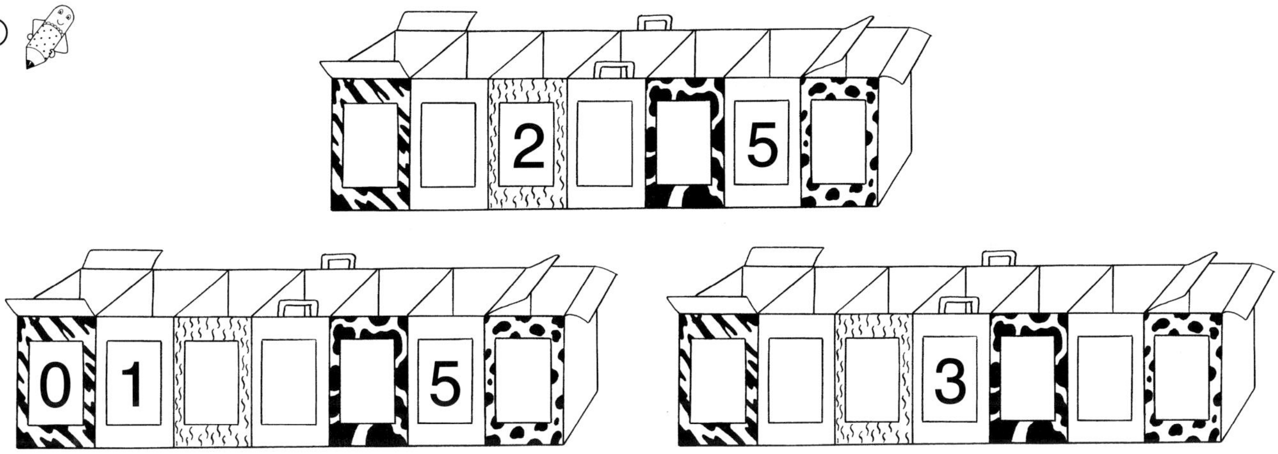

② Ergänze die Zahlen.

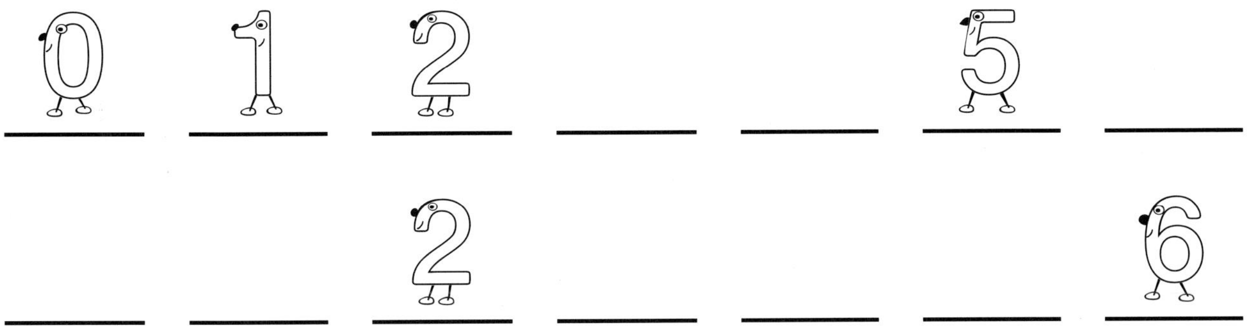

③ Finde die Fehler.

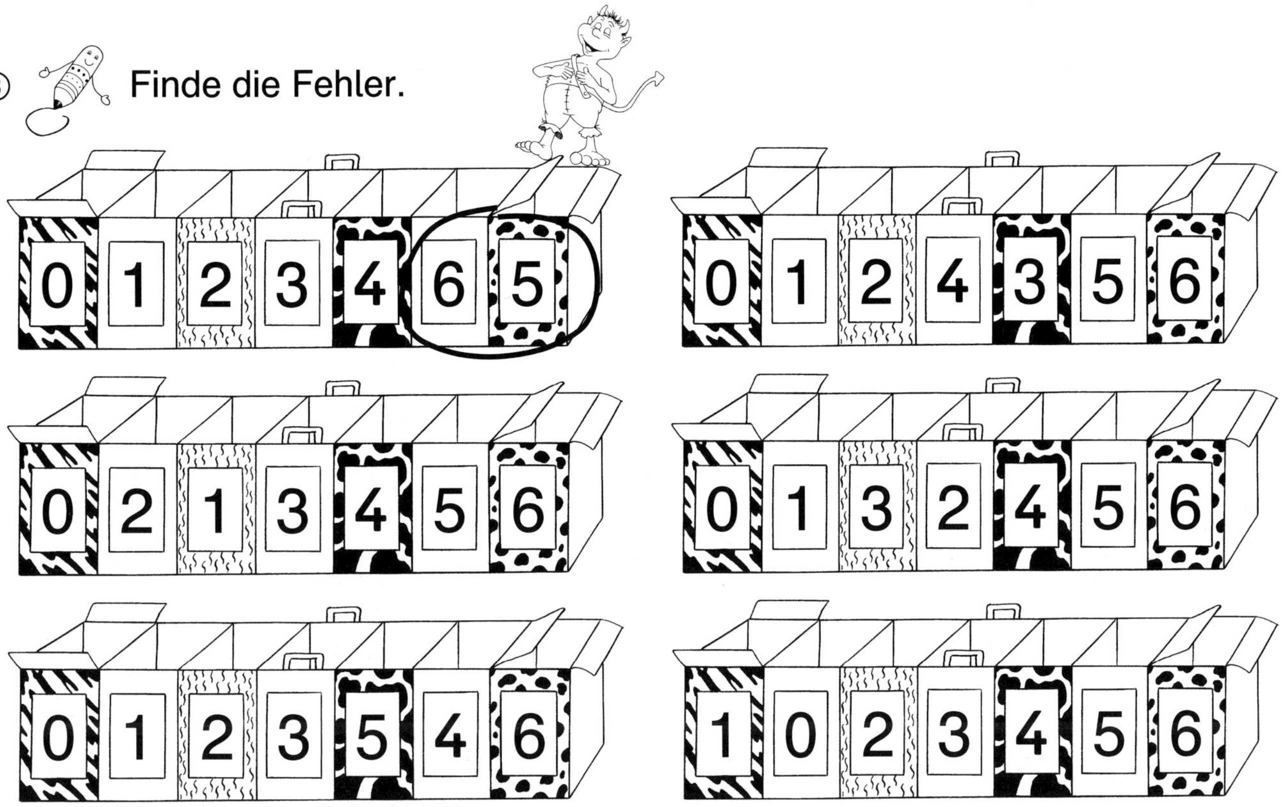

① Gesprächsanlass: Ordnung der Zahlen, Zahlen ergänzen
② Zahlen ergänzen
③ Fehlerhafte Stelle der Zahlordnung einkreisen

© Persen Verlag GmbH, Horneburg

① Wer tanzt **nach ...**?

3	

2	

② Finde den **Nachfolger**.

4	

2	

3	

1	

5	

0	

③ Finde den **Nachfolger**.

① Situationsbild als Gesprächsanlass nutzen, Begriff: Nachfolger
②–③ Nachfolger ergänzen

Ellen Müller: Lernvoraussetzungen für den Anfangsunterricht in Mathematik
© Persen Verlag GmbH, Horneburg

①

②

Zahl	Nachfolger
2	3
1	
5	
4	

Zahl	Nachfolger
3	
0	
2	
6	

③

3	4
5	6
2	3
1	2

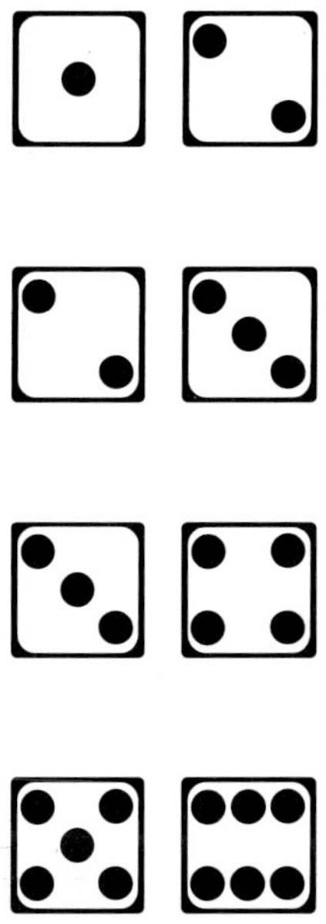

1	
2	
3	
5	

①–② Begriff Nachfolger üben, Nachfolger ergänzen
③ Zahlenpaar mit entsprechendem Würfelbild verbinden, Nachfolger ergänzen

① Wer tanzt **vor**?

	4

	3

②

Vorgänger	**Zahl**
2	3
	6
	1
	5
	2

Vorgänger	**Zahl**
	5
	1
	6
	3
	4

③

① Gesprächsanlass Situationsbild, Begriff: Vorgänger ②–③ Vorgänger ergänzen

Ellen Müller: Lernvoraussetzungen für den Anfangsunterricht in Mathematik
© Persen Verlag GmbH, Horneburg

①

3	4
2	3
4	5
1	2

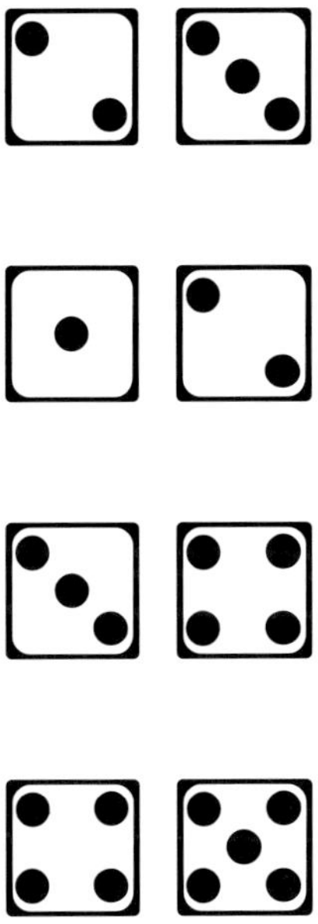

	3
	2
	4
	5

①

③

Vorgänger	Zahl
	3
	2
	6
	5
	4

Vorgänger	Zahl
	4
	3
	1
	2
	5

① Zahlenpaar mit entsprechenden Würfelbildern verbinden, fehlende Zahl ergänzen
②–③ Vorgänger ergänzen

Vorgänger und Nachfolger (1)

①

3	4	5
2	3	4
4	5	6
1	2	3

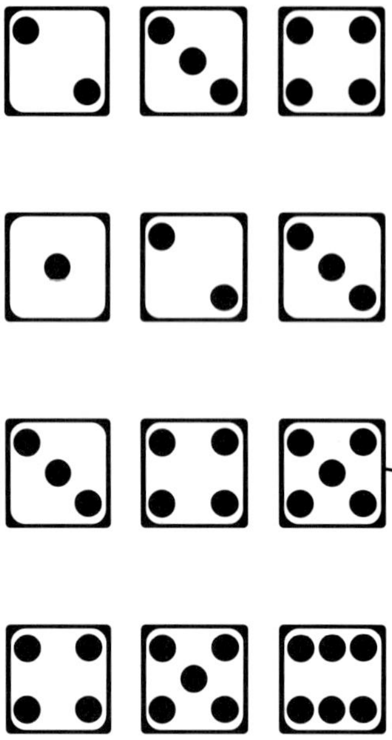

2		4
1		3
3		5
4		6

②

③

V	Zahl	N
	3	
	2	
	1	
	5	
	4	

V	Zahl	N
4		6
2		4
1		3
5		7
3		5

① Zahlen mit entsprechenden Würfelbildern verbinden, fehlende Zahl ergänzen
②–③ Vorgänger und Nachfolger/Zahl ergänzen

Ellen Müller: Lernvoraussetzungen für den Anfangsunterricht in Mathematik
© Persen Verlag GmbH, Horneburg

①

② Welche Luftballons sind weggeflogen?

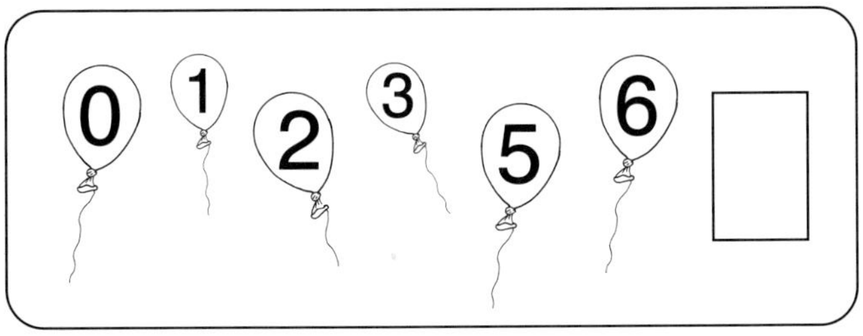

③

V	Zahl	N
1		3
	4	
3		5
	5	
	3	

V	Zahl	N
		6
2		
	5	
4		
		3

① Zahlenreihe ergänzen
② Fehlende Zahlen ergänzen
② Fehlende Zahl der Zahlenfolge aufschreiben

© Persen Verlag GmbH, Horneburg

Teste dich!

①	_ 3 _	2 3 4	☺
②	_ 5 _	4 5 6	☺
③	_ 2 _	1 2 3	☺
④	_ 4 _	3 4 5	☺
⑤	_ 1 _	0 1 2	☺
⑥	4 _ 6	4 5 6	☺
⑦	2 _ 4	2 3 4	☺
⑧	1 _ 3	1 2 3	☺
⑨	5 _ 7	5 6 7	☺
⑩	0 _ 2	0 1 2	☺

① Fehlende Zahlen ergänzen
② Lösungen vergleichen, bei richtiger Lösung Smiley gelb anmalen

Ellen Müller: Lernvoraussetzungen für den Anfangsunterricht in Mathematik
© Persen Verlag GmbH, Horneburg

Dieses Zeichen
sagt dir,
es kommen
Dinge dazu. **+**

①

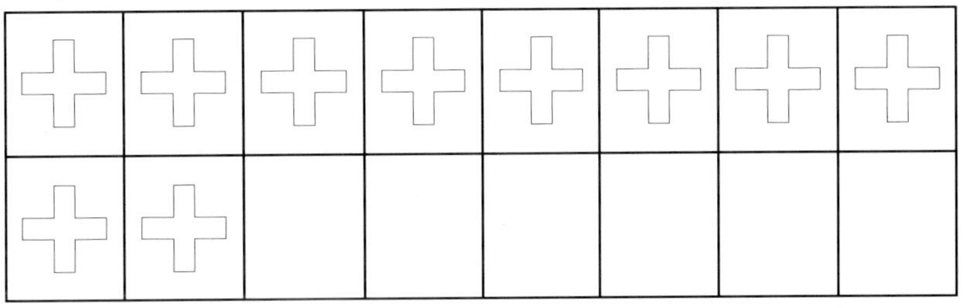

②

4 + ☐

2 + ☐

☐ + ☐

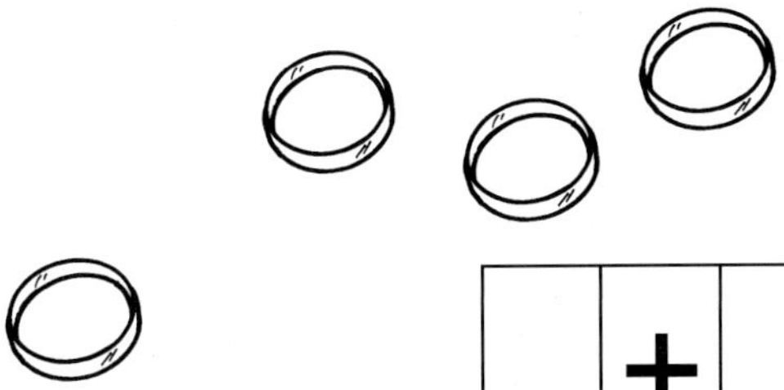

☐ + ☐

① Situationsbild als Gesprächsanlass zur Einführung der Addition nutzen, Zeichen schreiben
② Addieren, Sprechweise *„Kommt dazu"* üben

© Persen Verlag GmbH, Horneburg

3	+	1	=	4

2	+		=	

	+		=	

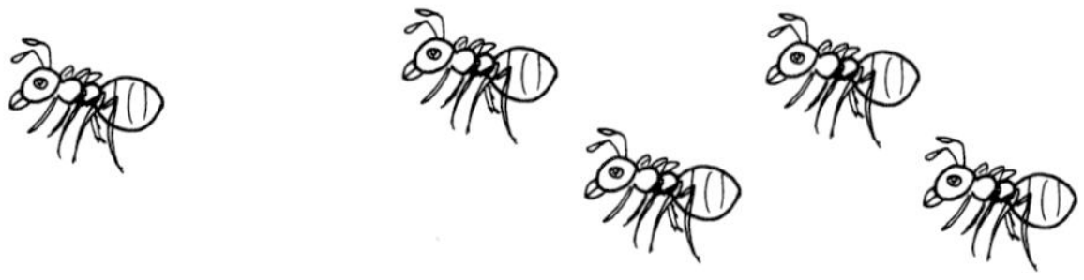

	+		=	

	+		=	

	+		=	

	+		=	

	+		=	

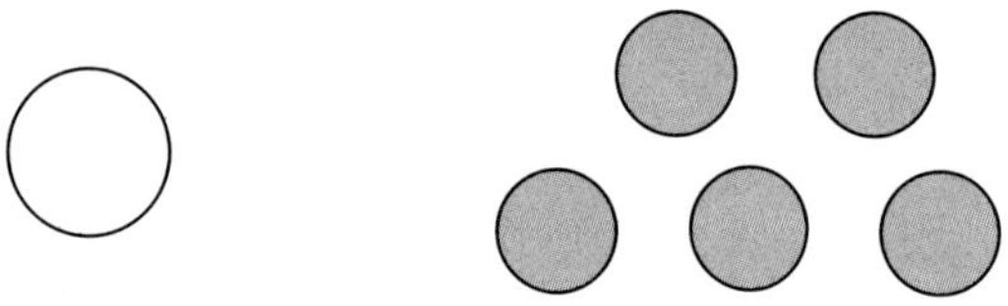

	+		=	

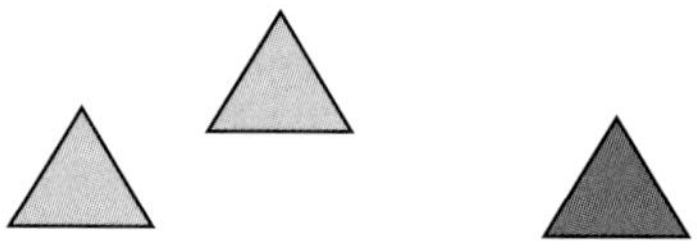

	+		=	

Addieren, Sprechweise: *„Kommt dazu“* üben, Gleichung aufschreiben

Ellen Müller: Lernvoraussetzungen für den Anfangsunterricht in Mathematik
© Persen Verlag GmbH, Horneburg

Plusaufgaben (3)

①

3	+	2	=	

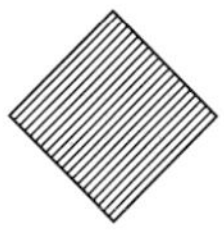

1	+	3	=	

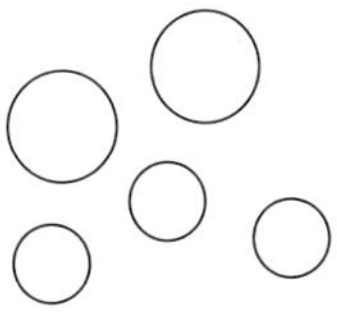

5	+	1	=	

2	+	3	=	

1	+	5	=	

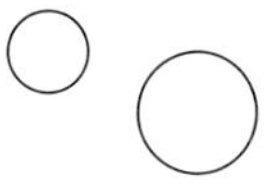

2	+	4	=	

②

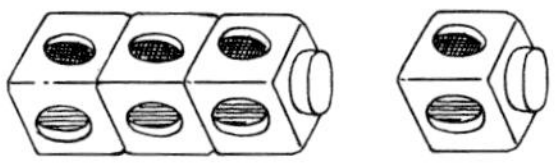

3	+	1	=	

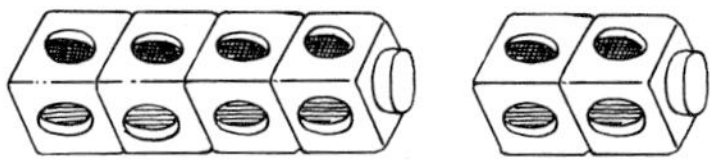

4	+	2	=	

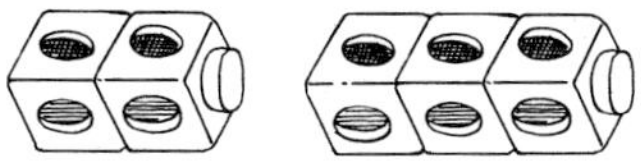

2	+	3	=	

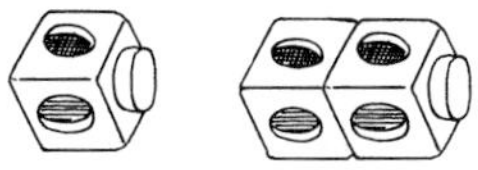

1	+	2	=	

① Fehlende geometrische Figuren malen, addieren, Summe aufschreiben
② Addieren, Sprechweise *„Kommt dazu“* üben, Summe aufschreiben

© Persen Verlag GmbH, Horneburg

①

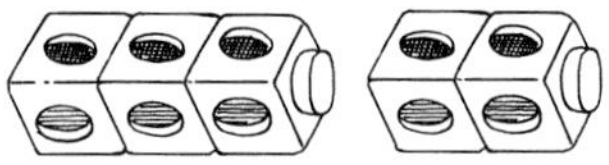

3	+	2	=	

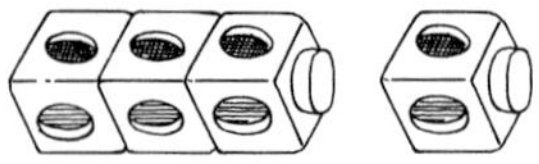

3	+	1	=	

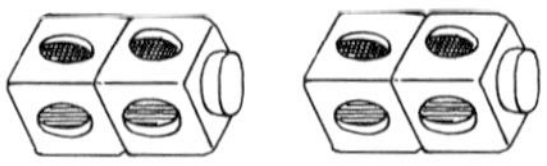

2	+	2	=	

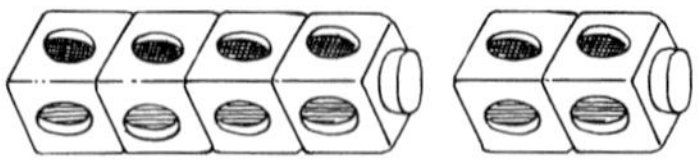

	+		=	

②

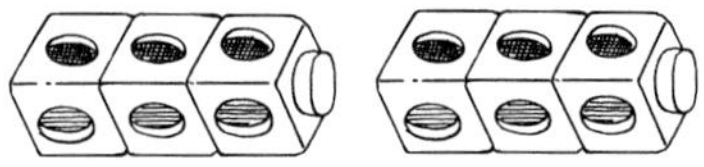

	+		=	

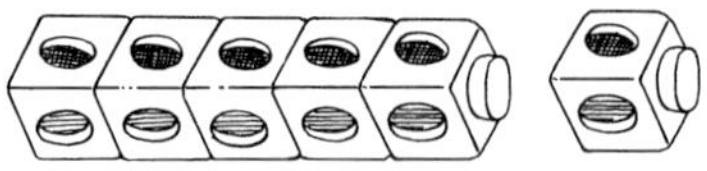

	+		=	

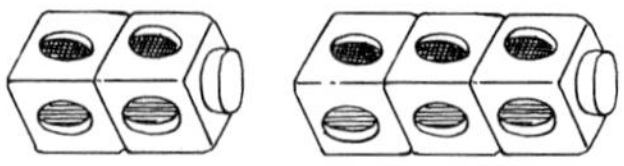

	+		=	

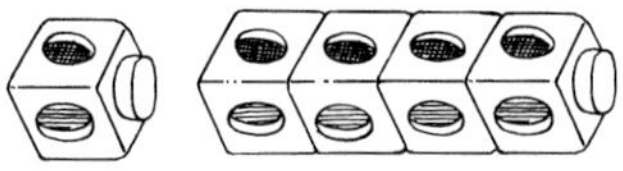

	+		=	

③ Nutze deine Steckwürfel.

2	+	2	=	
3	+	1	=	
4	+	2	=	
3	+	0	=	
1	+	2	=	

1	+	5	=	
2	+	4	=	
1	+	1	=	
3	+	2	=	
5	+	1	=	

① Addieren, Summe bzw. Gleichung ergänzen
② Addieren, Gleichung aufschreiben
③ Addieren, Summe eintragen

Ellen Müller: Lernvoraussetzungen für den Anfangsunterricht in Mathematik
© Persen Verlag GmbH, Horneburg

Plusaufgaben (5)

①

3	+	1	=	
4	+	1	=	
5	+	1	=	
3	+	2	=	

3	+	3	=	
3	+	0	=	
4	+	2	=	
5	+	0	=	

②

2	+	3	=	
1	+	4	=	
2	+	1	=	
3	+	2	=	

4	+	2	=	
0	+	6	=	
2	+	2	=	
2	+	4	=	

③ Welche Zahlen fehlen? Schreibe sie auf.

0			3	4		

① Addieren, Summe aufschreiben
② Addieren, Würfelpunkte und Summe eintragen
③ Zahlenreihe ergänzen

© Persen Verlag GmbH, Horneburg

Plusaufgaben (6)

① Welche Zahlen fehlen? Schreibe sie auf.

② Male die fehlenden Würfelpunkte. Rechne.

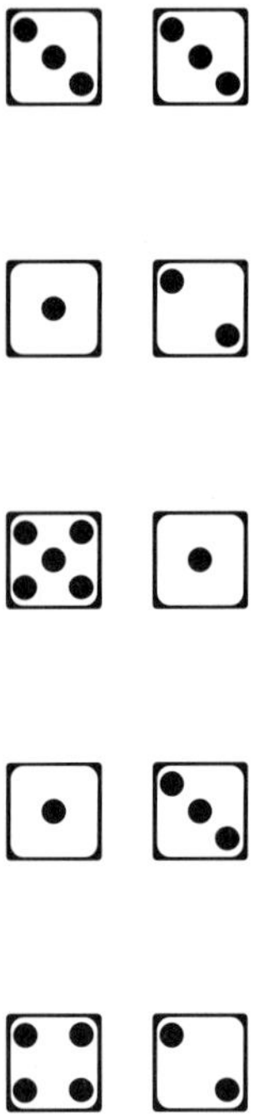

3	+	3	=		3	+	1	=	
1	+	2	=		1	+	5	=	
5	+	1	=		2	+	2	=	
1	+	3	=		2	+	4	=	
4	+	2	=		0	+	6	=	

Wie hast du gerechnet?

① Zahlenreihe ergänzen
② Addieren, Summe bzw. auch Würfelpunkte eintragen

Ellen Müller: Lernvoraussetzungen für den Anfangsunterricht in Mathematik
© Persen Verlag GmbH, Horneburg

① 

1	+	3	=	
1	+	2	=	
3	+	3	=	
0	+	2	=	
1	+	4	=	

2	+	3	=	
2	+	4	=	
1	+	1	=	
0	+	6	=	
2	+	2	=	

②  Male die Lösungsfelder farbig aus.

2	+	4	=	
3	+	1	=	
3	+	2	=	
4	+	1	=	
1	+	1	=	

5	+	1	=	
0	+	3	=	
2	+	2	=	
6	+	0	=	
3	+	1	=	

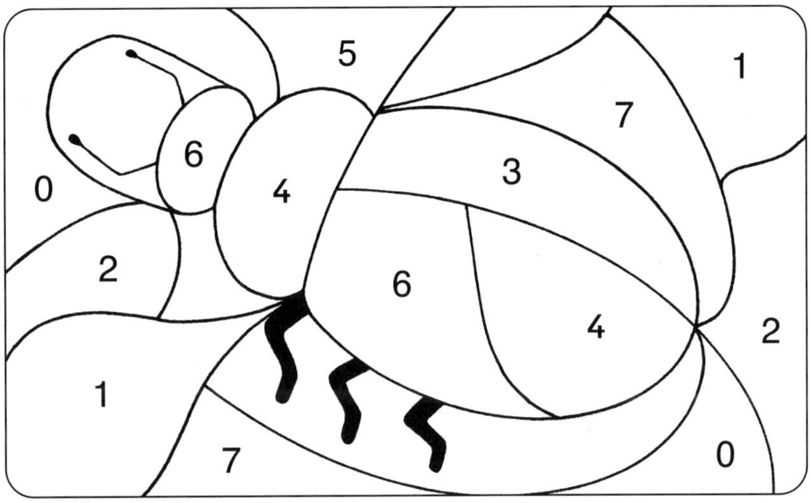

①–② Addieren, Summe aufschreiben, Lösungsluftballons bzw. Lösungsfelder anmalen

© Persen Verlag GmbH, Horneburg

① 

3	+	2	=	
4	+	0	=	
5	+	1	=	
4	+	1	=	
3	+	3	=	

2	+	1	=	
2	+	3	=	
0	+	1	=	
5	+	0	=	
2	+	2	=	

②  Male die Lösungsfelder farbig aus.

5	+	0	=	
2	+	1	=	
3	+	3	=	
4	+	1	=	
0	+	2	=	

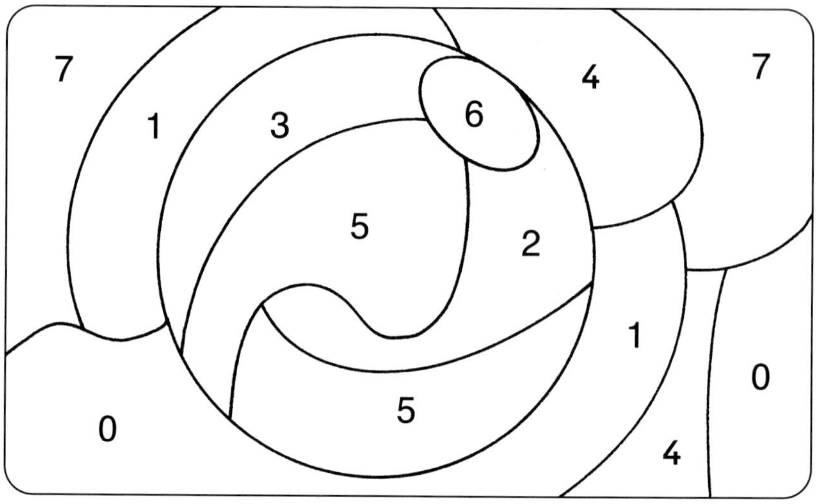

2	+	4	=	
2	+	3	=	
1	+	2	=	
4	+	0	=	
2	+	2	=	

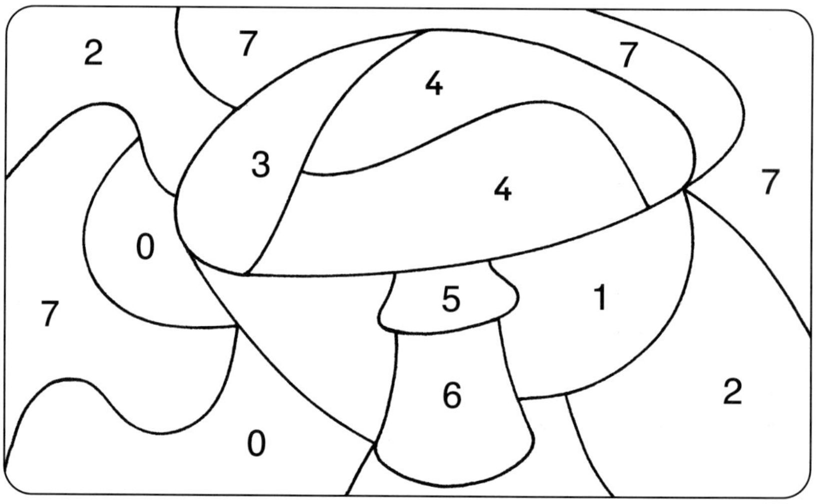

①–② Addieren, Summe aufschreiben, Lösungsluftballons bzw. Lösungsfelder anmalen

Ellen Müller: Lernvoraussetzungen für den Anfangsunterricht in Mathematik
© Persen Verlag GmbH, Horneburg

2	+	2	=	
3	+	2	=	
0	+	2	=	
1	+	2	=	
4	+	2	=	

1	+	1	=	
3	+	1	=	
2	+	1	=	
4	+	1	=	
5	+	1	=	

2	+	3	=	
3	+	3	=	
0	+	3	=	
1	+	3	=	
3	+	2	=	

2	+	4	=	
4	+	2	=	
1	+	3	=	
3	+	1	=	
3	+	0	=	

1	+	5	=	
1	+	3	=	
1	+	2	=	
1	+	4	=	
1	+	1	=	

So hast du gerechnet:

Addieren, Summe aufschreiben, Lösungsluftballons anmalen

© Persen Verlag GmbH, Horneburg

Plusaufgaben (10)

① 

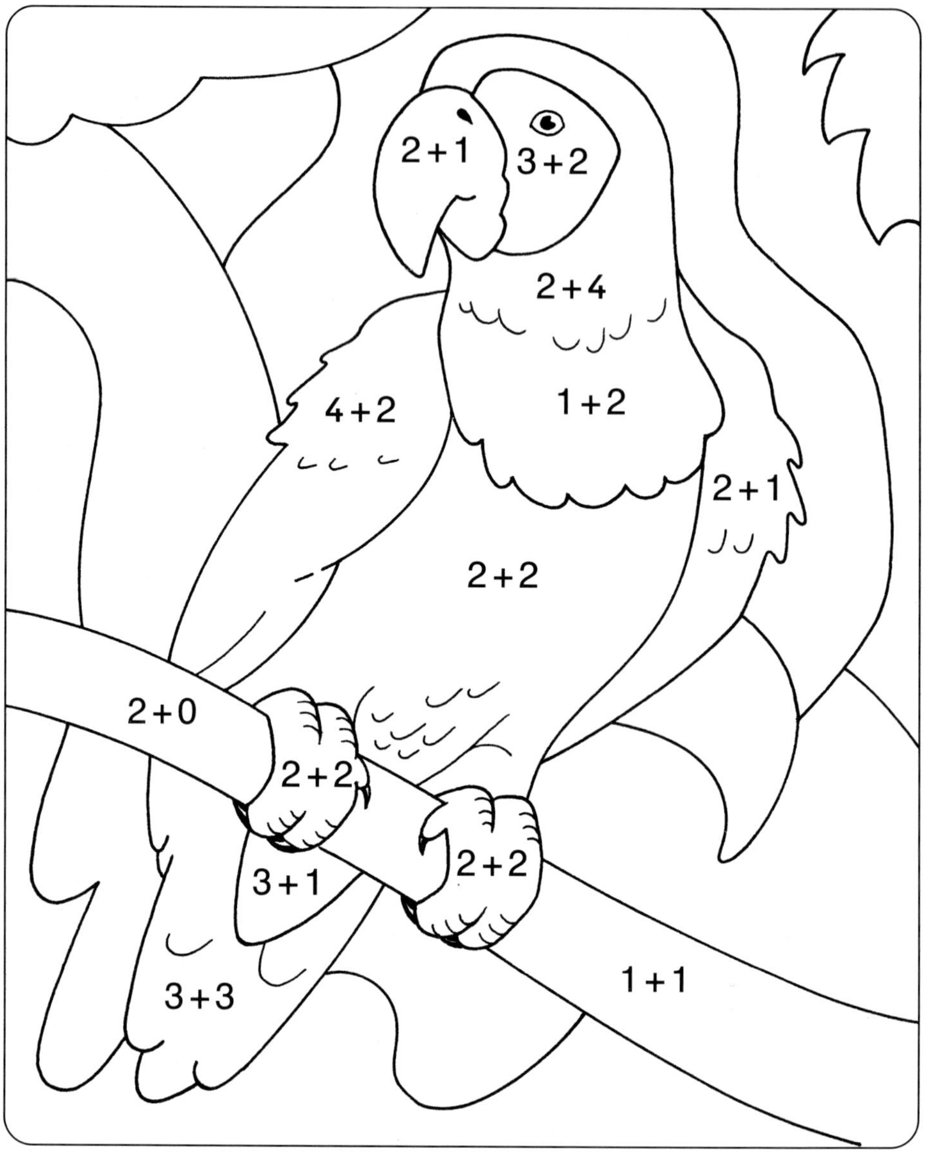

2 braun
3 gelb
4 orange
5 rot
6 blau

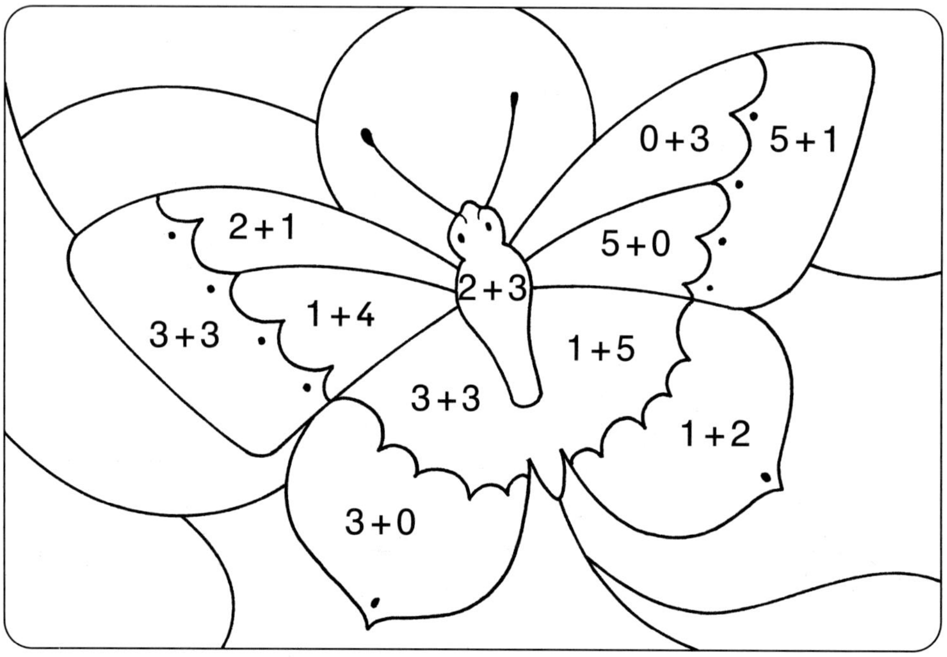

3 lila
4 grün
5 gelb
6 rot

① Addieren, Lösungsfelder anmalen

Ellen Müller: Lernvoraussetzungen für den Anfangsunterricht in Mathematik
© Persen Verlag GmbH, Horneburg

Plusaufgaben (11)

① 

1	+	2	=	
2	+	2	=	
3	+	2	=	
4	+	2	=	
0	+	2	=	

1	+	3	=	
2	+	3	=	
1	+	4	=	
2	+	4	=	
0	+	4	=	

②  Welche Briefe gehören in den jeweiligen Kasten?

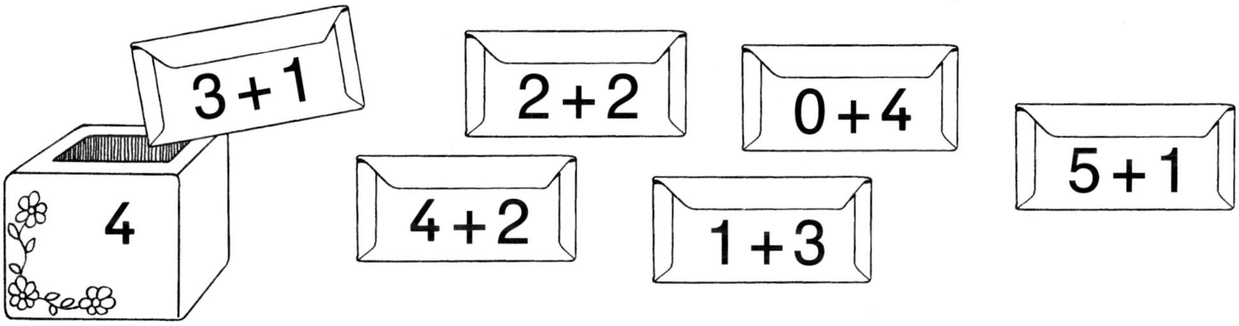

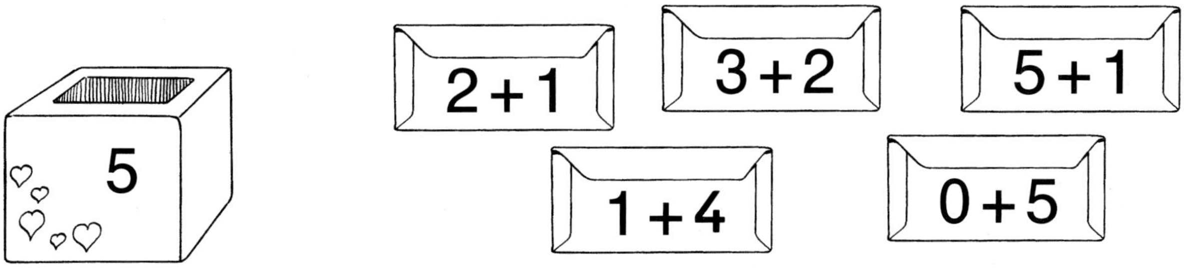

① Addieren, Summe aufschreiben, Lösungsluftballons anmalen
② Addieren, Briefumschläge nach Aufgabenstellung anmalen

Tauschaufgaben (1)

①

1 + 2   4 + 1

3 + 2

4 + 2   2 + 3

1 + 4   3 + 1   2 + 1

1 + 3   1 + 5   2 + 4   5 + 1

② Schreibe die Tauschaufgaben von oben auf und rechne.

3	+	2	=	
2	+	3	=	

	+		=	
	+		=	

	+		=	
	+		=	

	+		=	
	+		=	

	+		=	
	+		=	

	+		=	
	+		=	

③

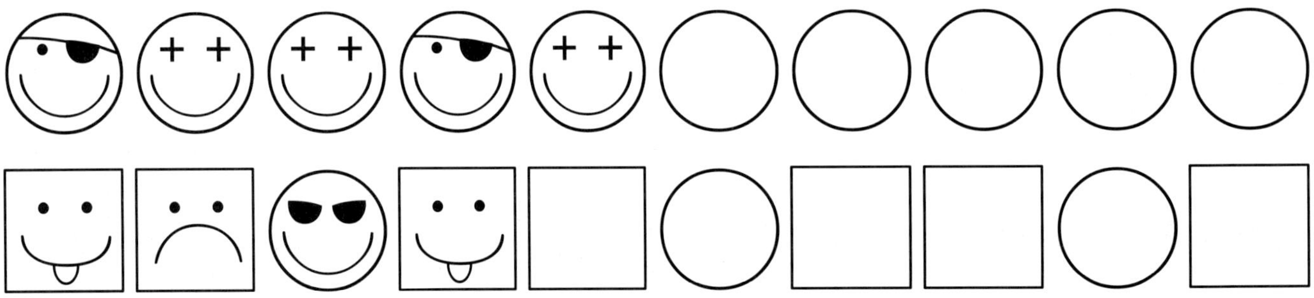

① Aufgabe und Tauschaufgabe mit gleicher Farbe anmalen
② Tauschaufgaben aufschreiben, addieren
③ Reihenfolge erkennen, weiterführen

Ellen Müller: Lernvoraussetzungen für den Anfangsunterricht in Mathematik
© Persen Verlag GmbH, Horneburg

① Verbinde zuerst die Tauschaufgabe und rechne dann.

3	+	2	=	
1	+	5	=	
2	+	4	=	
1	+	2	=	
3	+	1	=	

4	+	2	=	
1	+	3	=	
2	+	3	=	
5	+	1	=	
2	+	1	=	

Bei den Tauschaufgaben ist das Ergebnis gleich.

② Schreibe zuerst die Tauschaufgabe auf, rechne dann.

5	+	1	=	
1	+		=	

4	+	1	=	
	+		=	

3	+	1	=	
	+		=	

4	+	0	=	
	+		=	

5	+	1	=	
	+		=	

6	+	0	=	
	+		=	

③ Welche Zahlen fehlen?

4	+		=	5
1	+		=	5

2	+		=	3
	+	1	=	3

1	+		=	4
	+	1	=	4

① Tauschaufgaben verbinden, addieren ② Tauschaufgaben ergänzen, addieren
③ Fehlende Summanden ergänzen, Tauschaufgaben erkennen

© Persen Verlag GmbH, Horneburg

①

	+		=	
	+		=	

	+		=	
	+		=	

	+		=	
	+		=	

	+		=	
	+		=	

	+		=	
	+		=	

	+		=	
	+		=	

② Schreibe zuerst die Tauschaufgabe auf, rechne dann.

3	+	2	=	
	+		=	

5	+	0	=	
	+		=	

4	+	2	=	
	+		=	

0	+	3	=	
	+		=	

1	+	4	=	
	+		=	

5	+	0	=	
	+		=	

③ Finde Plusaufgaben.

	+		=	
	+		=	

	+		=	
	+		=	

	+		=	
	+		=	

① Additionsaufgaben aufschreiben und lösen
② Tauschaufgaben ergänzen, addieren
③ Additionsaufgaben finden

Persen
Ellen Müller: Lernvoraussetzungen für den Anfangsunterricht in Mathematik
© Persen Verlag GmbH, Horneburg

3	+		=	5

① Immer **5** Kugeln!

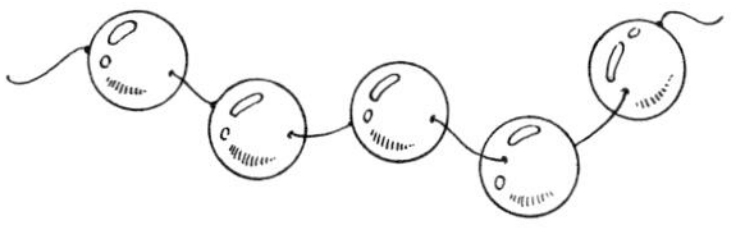

2	+		=	5	1	+		=	5	4	+		=	5
1	+		=	5	3	+		=	5	0	+		=	5

② Immer **6** Kugeln!

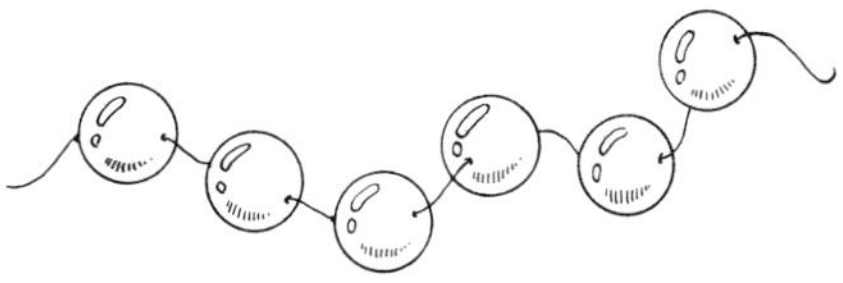

3	+		=	6	2	+		=	6	1	+		=	6
4	+		=	6	0	+		=	6	5	+		=	6

③ Immer **4** Kugeln!

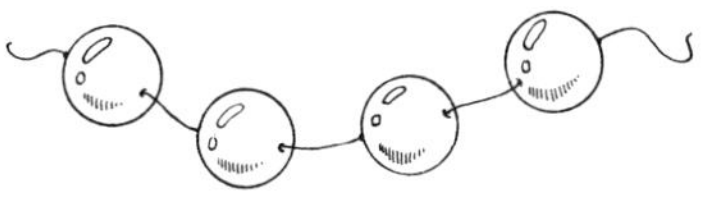

1	+		=	4	2	+		=	4	3	+		=	4

①–③ Summanden ergänzen

© Persen Verlag GmbH, Horneburg

① Immer **5** Kugeln!

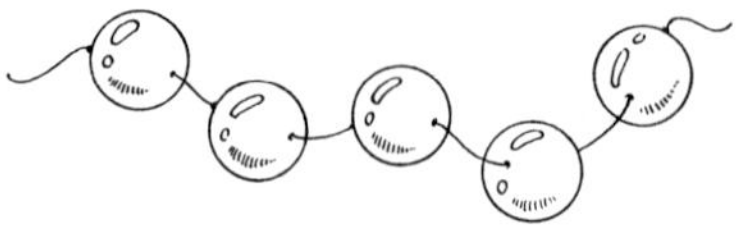

2	+		=	5
1	+		=	5
4	+		=	5
1	+		=	5
3	+		=	5
0	+		=	5

② Immer **6** Kugeln!

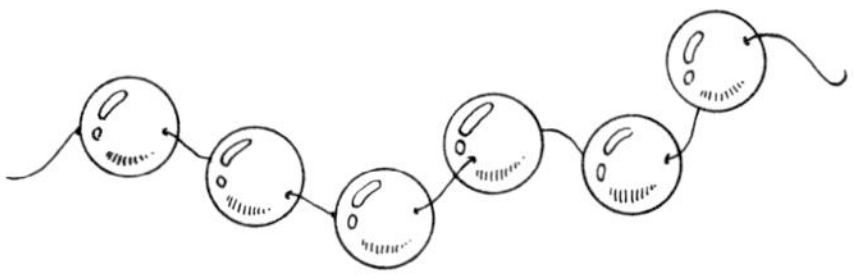

3	+		=	6
2	+		=	6
1	+		=	6
4	+		=	6
0	+		=	6
5	+		=	6

③ Immer **4** Kugeln!

1	+		=	4
2	+		=	4
4	+		=	4
0	+		=	4
3	+		=	4
3	+		=	4

④ Immer **3** Kugeln!

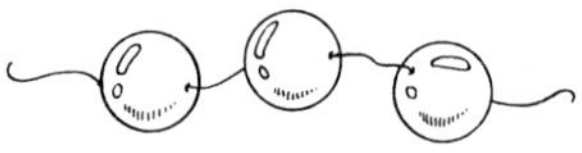

2	+		=	3
1	+		=	3
3	+		=	3

①–④ Summanden ergänzen

Ellen Müller: Lernvoraussetzungen für den Anfangsunterricht in Mathematik
© Persen Verlag GmbH, Horneburg

Pass auf, Fehlerteufel!

① Vertreibe den Fehlerteufel.

2	+	3	=	~~6~~	5
3	+	0	=	3	✓
5	+	1	=	5	
2	+	2	=	4	
1	+	4	=	3	

4	+	2	=	6	
2	+	4	=	5	
3	+	3	=	4	
5	+	0	=	6	
3	+	2	=	5	

2	+	1	=	3	
0	+	2	=	3	
5	+	0	=	5	
3	+	1	=	4	
2	+	4	=	5	

0	+	6	=	6	
2	+	4	=	5	
4	+	2	=	5	
1	+	5	=	6	
3	+	3	=	2	

② Welche Zahlen fehlen?

4	+		=	5
	+	1	=	5
	+	3	=	6

2	+		=	4
	+	1	=	3
	+	1	=	2

2	+		=	3
	+	2	=	4
	+	3	=	5

① Gleichungen auf ihre Richtigkeit überprüfen, falsche Gleichungen durchstreichen, richtiges Ergebnis aufschreiben
② Summanden ergänzen

① Wie viel Geld haben die Kinder?

Lisa: _____ct

Tina: _____ct

Leon: _____ct

Jana: _____ct

Tim: _____ct

Ali: _____ct

② Lege zuerst die fehlenden Geldstücke. Male sie dann.

Tom		**6** ct
Uta		**6** ct
Lisan		**6** ct
Udo		**6** ct

① Münzen mit Rechengeld legen, addieren, Geldbeträge aufschreiben
② Münzen mit Rechengeld legen, fehlende Münzen malen

Ellen Müller: Lernvoraussetzungen für den Anfangsunterricht in Mathematik
© Persen Verlag GmbH, Horneburg

① Wechsle diese Geldstücke.

Benutze diese Münzen.

② Welche Kinder können sich den Ball kaufen?
Kreise ihre Namen ein.

Lisa: ____€

Leon: ____€

6 €

Lina: ____€

Susi: ____€

① Münzen nach Aufgabenstellung wechseln, fehlende Münzen malen
② Geldbeträge addieren, Lösungsnamen nach Aufgabenstellung einkreisen

Male die Geldstücke und schreibe die Aufgabe darunter.

3 €	◯ ◯ ◯

Schreibe die Aufgabe:

1	+	1	+	1	=	3					

4 €	

Schreibe die Aufgabe:

5 €	

Schreibe die Aufgabe:

6 €	

Schreibe die Aufgabe:

Münzen nach Aufgabenstellung malen, Gleichung aufschreiben, addieren

Ellen Müller: Lernvoraussetzungen für den Anfangsunterricht in Mathematik
© Persen Verlag GmbH, Horneburg

Plusaufgaben rechnen

Schreibe die Aufgaben von der Tafel ab und rechne sie.

①									②								
③									④								
⑤									⑥								

Blankoseite für Gleichungen: Aufgaben von der Tafel abschreiben und lösen

© Persen Verlag GmbH, Horneburg

Teste dich – Addiere!

① 2 + 3 =	2 + 3 = 5	
② 1 + 3 =	1 + 3 = 4	
③ 3 + 3 =	3 + 3 = 6	
④ 2 + 2 =	2 + 2 = 4	
⑤ 2 + 4 =	2 + 4 = 6	
⑥ 5 + 1 =	5 + 1 = 6	
⑦ 2 + 1 =	2 + 1 = 3	
⑧ 5 + 1 =	5 + 1 = 6	
⑨ 4 + 1 =	4 + 1 = 5	
⑩ 1 + 1 =	1 + 1 = 2	

① An der Strichpunktlinie knicken, Additionsaufgaben lösen
② Lösungen vergleichen, bei richtiger Lösung Smiley gelb anmalen

Ellen Müller: Lernvoraussetzungen für den Anfangsunterricht in Mathematik
© Persen Verlag GmbH, Horneburg

Teste dich – Addiere!

①	3 + ☐ = 5	3 + 2 = 5	☺
②	1 + ☐ = 2	1 + 1 = 2	☺
③	4 + ☐ = 6	4 + 2 = 6	☺
④	2 + ☐ = 5	2 + 3 = 5	☺
⑤	0 + ☐ = 5	0 + 5 = 5	☺
⑥	5 + ☐ = 6	5 + 1 = 6	☺
⑦	6 + ☐ = 6	6 + 0 = 6	☺
⑧	5 + ☐ = 6	5 + 1 = 6	☺
⑨	1 + ☐ = 5	1 + 4 = 5	☺
⑩	1 + ☐ = 4	1 + 3 = 4	☺

① An der Strichpunktlinie knicken, Summanden ergänzen
② Lösungen vergleichen, bei richtiger Lösung Smiley gelb anmalen

© Persen Verlag GmbH, Horneburg

1 + 1	2 + 1	3 + 1	4 + 1
5 + 1	1 + 2	1 + 3	1 + 4
1 + 5	1 + 6	2 + 1	2 + 2
2 + 2	2 + 4	3 + 1	3 + 3
1 + 0	2 + 0	3 + 0	4 + 0
5 + 0	6 + 0	0 + 1	0 + 2
0 + 3	0 + 4	0 + 5	0 + 6
4 + 1	4 + 2	5 + 1	3 + 3
2 + 2	2 + 4	3 + 1	1 + 5
5 + 1	1 + 2	1 + 3	1 + 4
1 + 5	1 + 6	2 + 1	2 + 2

① Freiarbeit: Additionsaufgaben auf farbiges Papier kopieren, laminieren, zerschneiden

Ellen Müller: Lernvoraussetzungen für den Anfangsunterricht in Mathematik
© Persen Verlag GmbH, Horneburg

Minusaufgaben (1)

① Male die Luftballons an der Leine **rot**.
Male die abgeschnittenen Ballons **grün**.

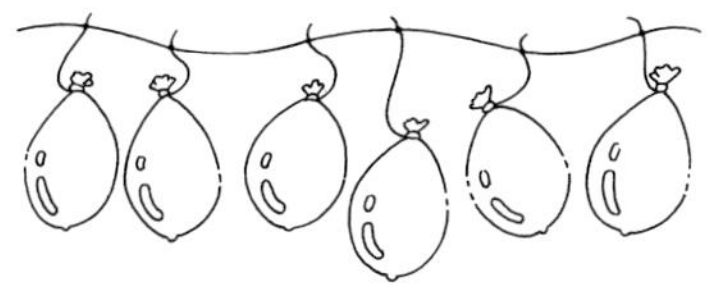

Am **Anfang** sind es …

→

Dann …

Male die Luftballons, die an der Leine bleiben.

Jetzt sind es …

6	−	2	=	4

② Male die Luftballons an der Leine **rot**.
Male den abgeschnittenen Ballon **grün**.

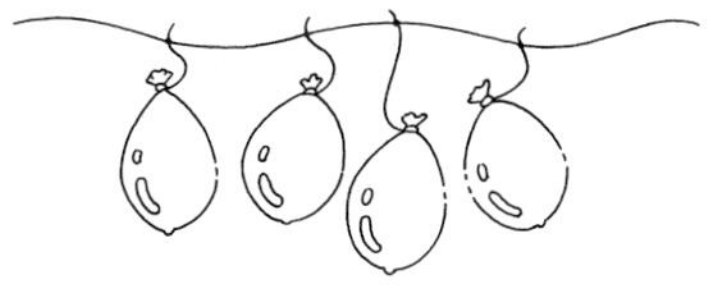

Am **Anfang** sind es …

→

Dann …

Male die Luftballons, die an der Leine bleiben.

Jetzt sind es …

4	−	1	=	

① Gesprächsanlass: Situationsbilder zur Einführung der Subtraktion
② Erarbeitung der Gleichungen durch begleitendes Sprechen:
*„Am **Anfang** …, was passiert **dann** …, **jetzt** sind es …“*

© Persen Verlag GmbH, Horneburg

Minusaufgaben (2)

① Male die Luftballons an der Leine **rot**.
Male die abgeschnittenen Ballons **grün**.

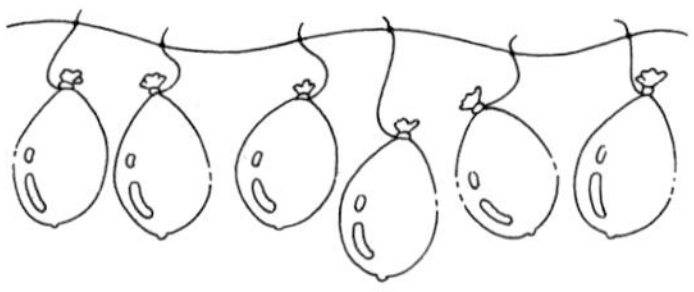

Am **Anfang** sind es …

→

Dann …

Male die Luftballons, die an der Leine bleiben.

Jetzt sind es …

6	−		=	

②

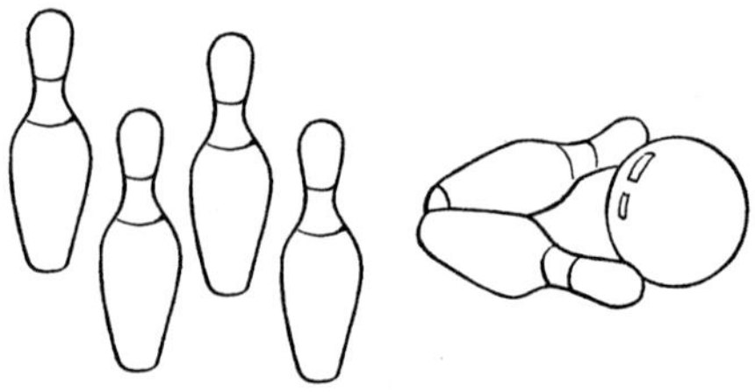

6	−		=	

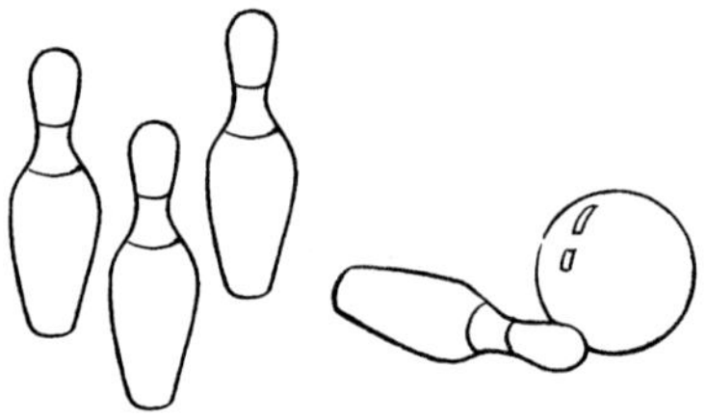

4	−		=	

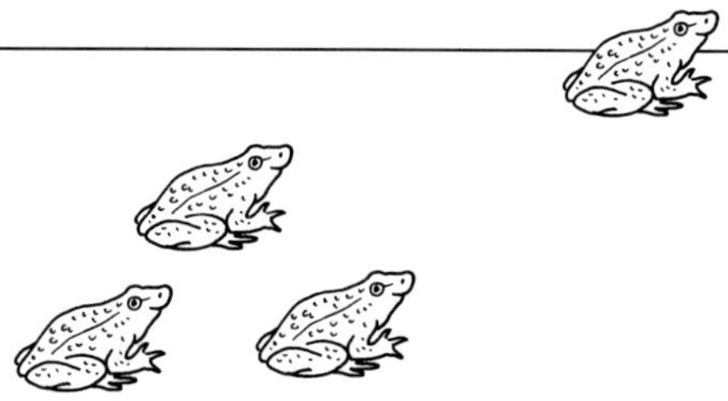

4	−		=	

5	−		=	

①–② Erarbeitung der Gleichung durch begleitendes Sprechen:
*„Am **Anfang** …, was passiert **dann** …, **jetzt** sind es …“*

Ellen Müller: Lernvoraussetzungen für den Anfangsunterricht in Mathematik
© Persen Verlag GmbH, Horneburg

Minusaufgaben (3)

5	–		=	

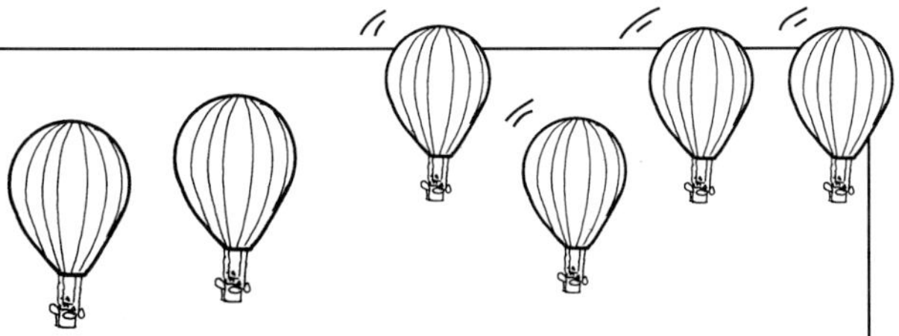

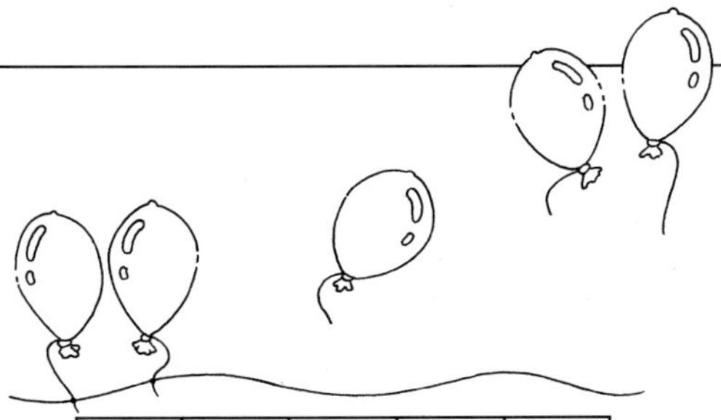

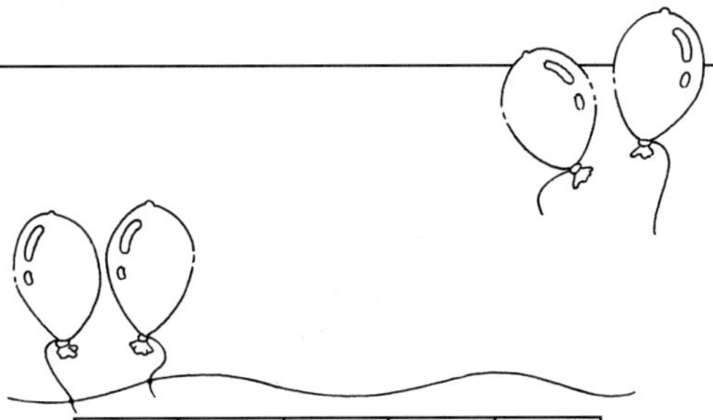

Erarbeitung der Gleichung durch begleitendes Sprechen:
„Am ***Anfang*** *…, was passiert* ***dann*** *…,* ***jetzt*** *sind es …"*

© Persen Verlag GmbH, Horneburg

Minusaufgaben (4)

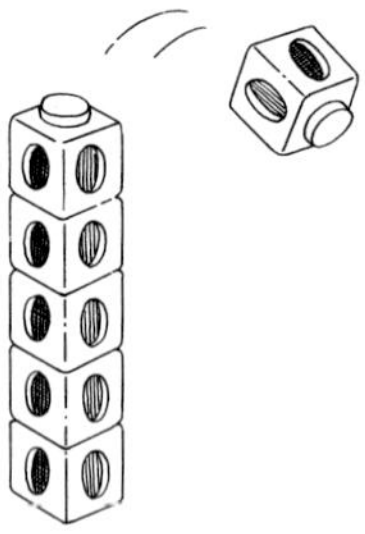

6 − 1 =

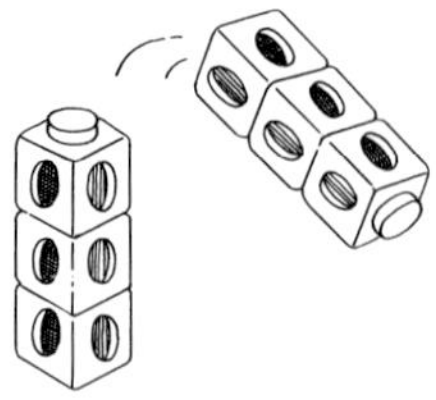

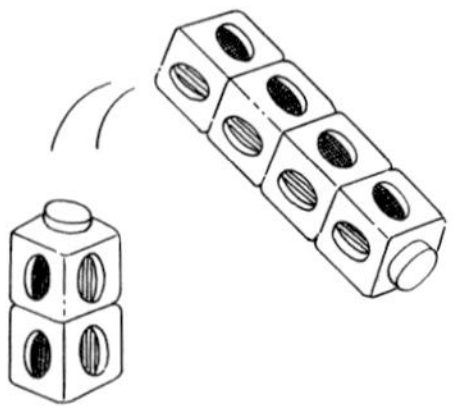

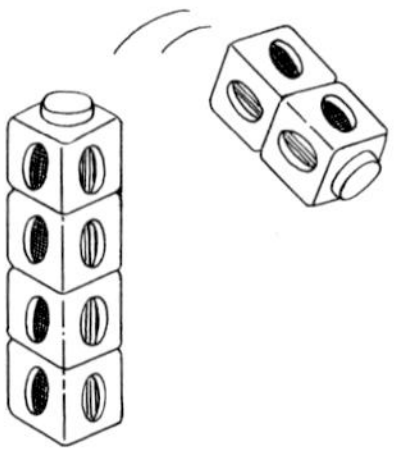

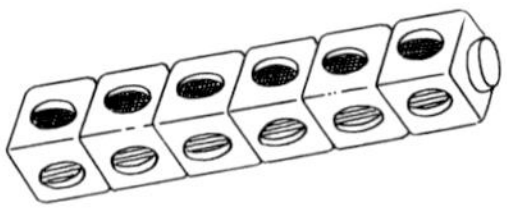

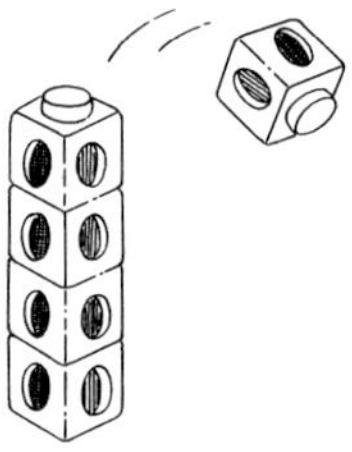

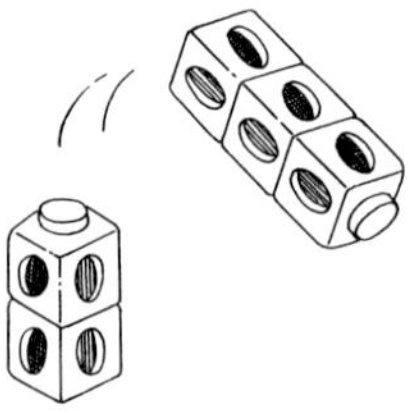

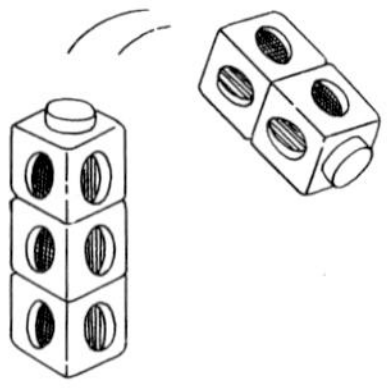

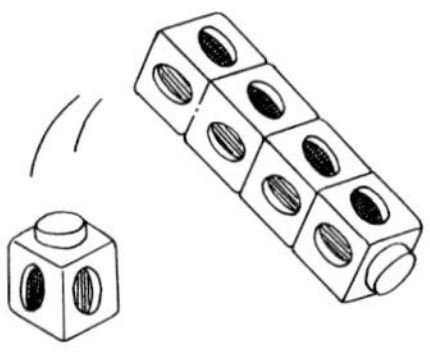

Subtraktionsgleichungen aufschreiben, begleitendes Sprechen:
*„Am **Anfang** …, was passiert **dann** …, **jetzt** sind es …“*

Ellen Müller: Lernvoraussetzungen für den Anfangsunterricht in Mathematik
© Persen Verlag GmbH, Horneburg

Minusaufgaben (5)

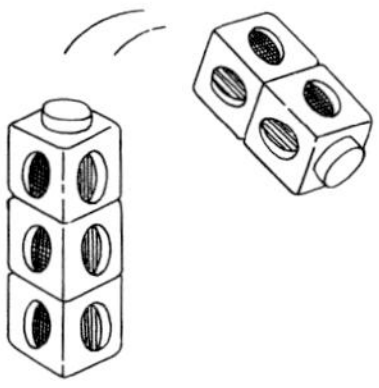

5	–	2	=	

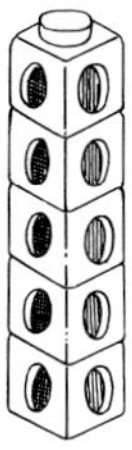

5	–	0		

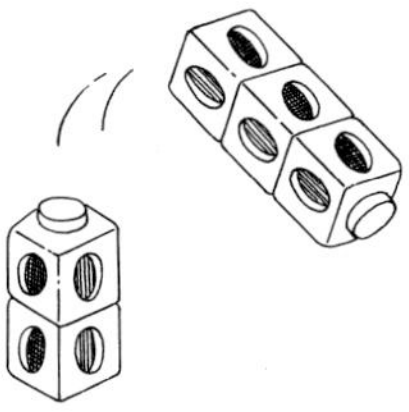

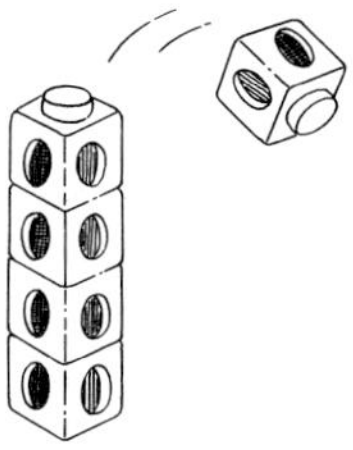

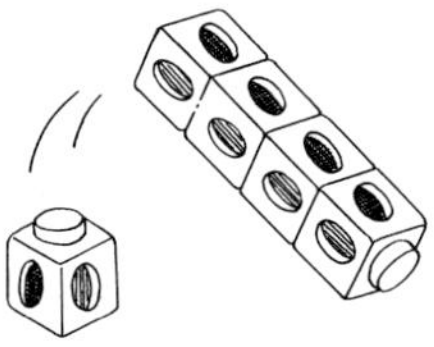

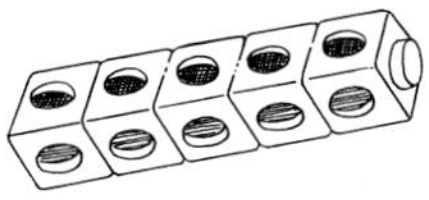

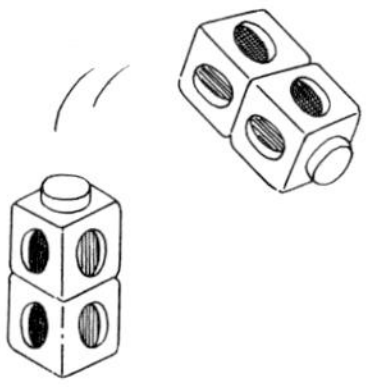

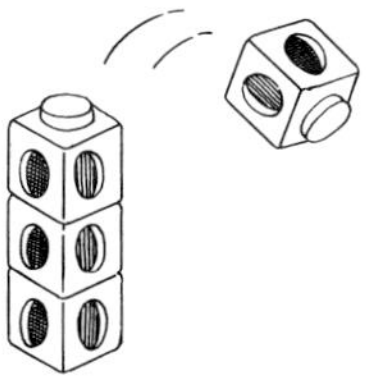

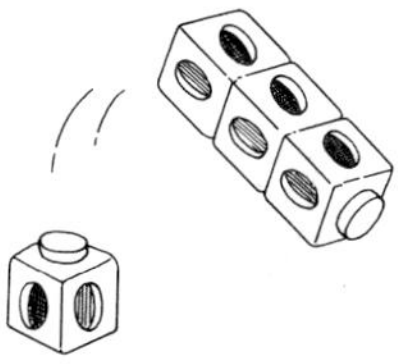

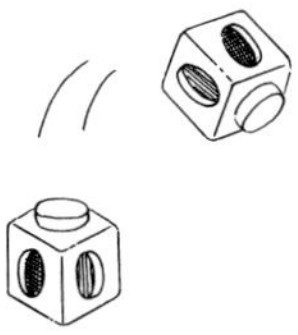

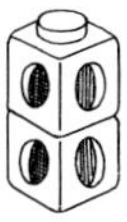

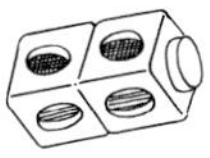

Subtraktionsgleichungen aufschreiben, begleitendes Sprechen:
*„Am **Anfang** …, was passiert **dann** …, **jetzt** sind es …“*

© Persen Verlag GmbH, Horneburg

Minusaufgaben (6)

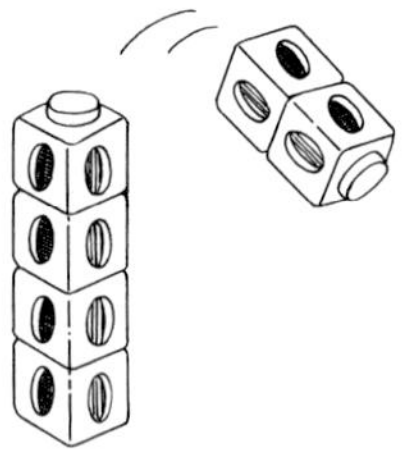

6	−	2	=	

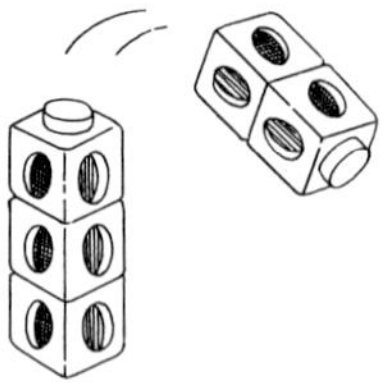

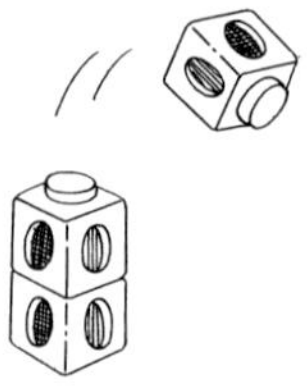

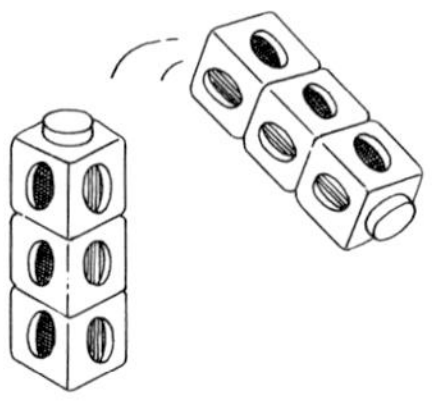

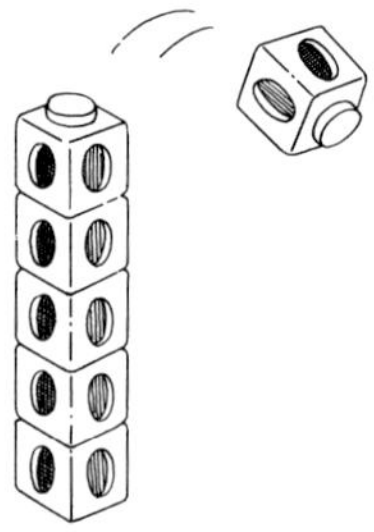

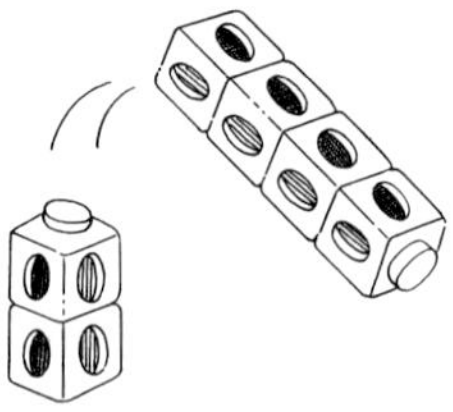

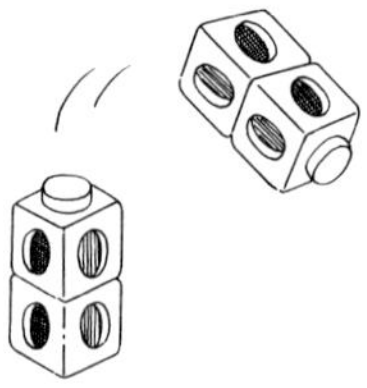

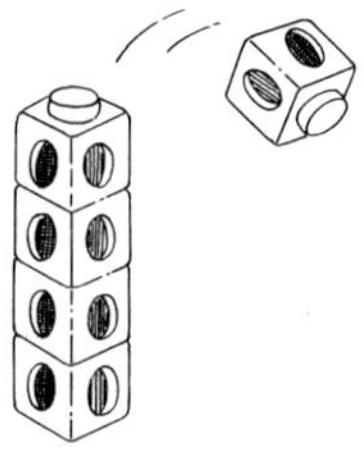

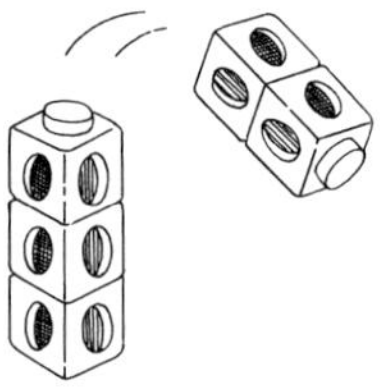

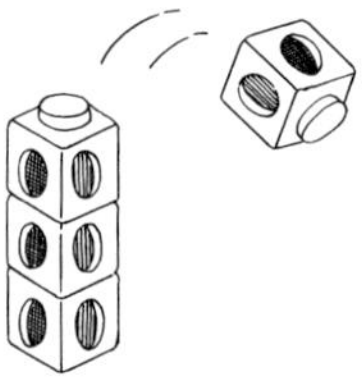

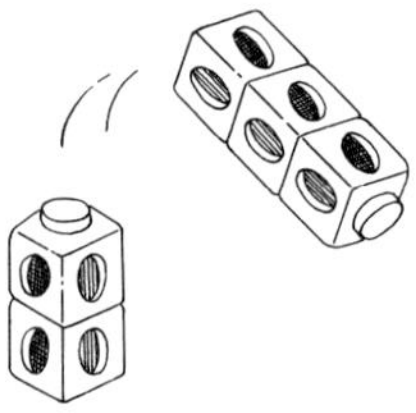

Subtraktionsgleichungen aufschreiben, begleitendes Sprechen:
*„Am **Anfang** …, was passiert **dann** …, **jetzt** sind es …“*

Ellen Müller: Lernvoraussetzungen für den Anfangsunterricht in Mathematik
© Persen Verlag GmbH, Horneburg

①

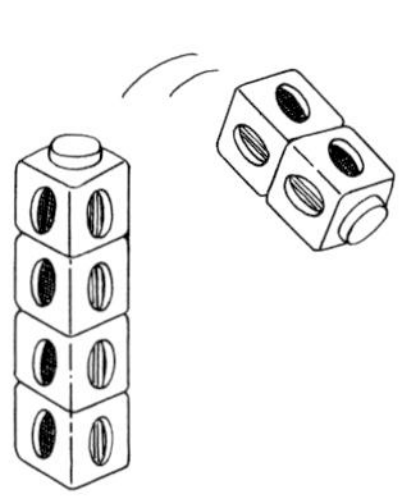

6	−	2	=	

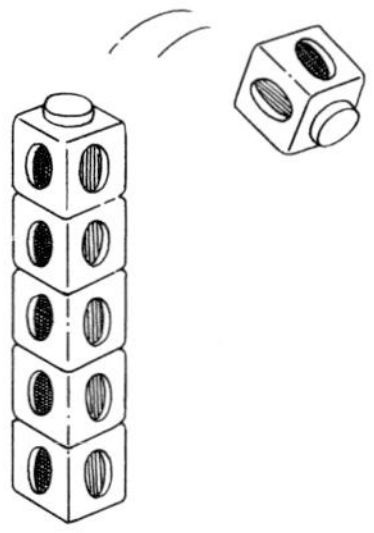

6	−	1	=	

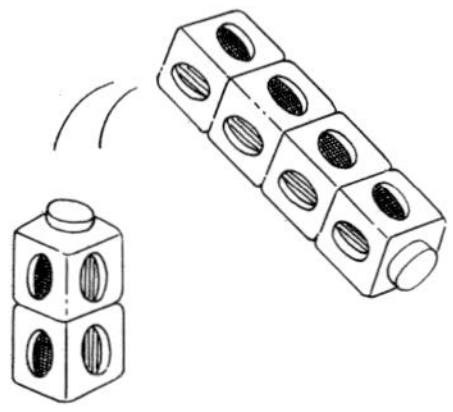

6	−	4	=	

②

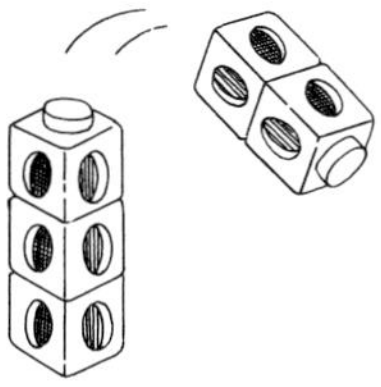

5	−		=	

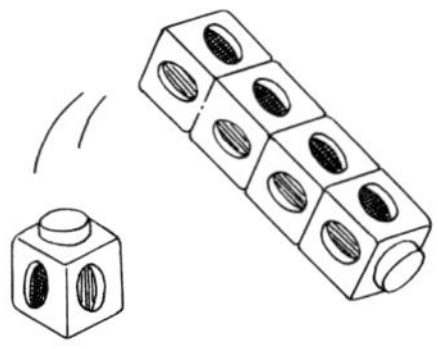

5	−		=	

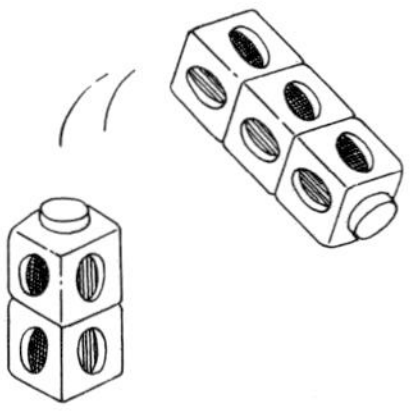

	−		=	

③

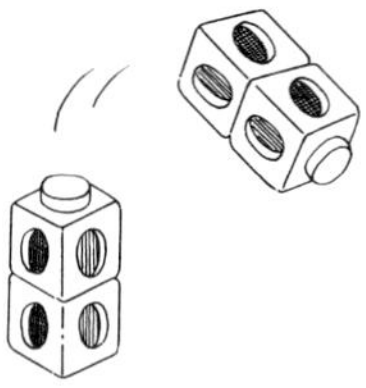

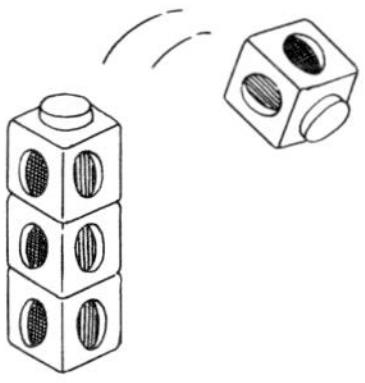

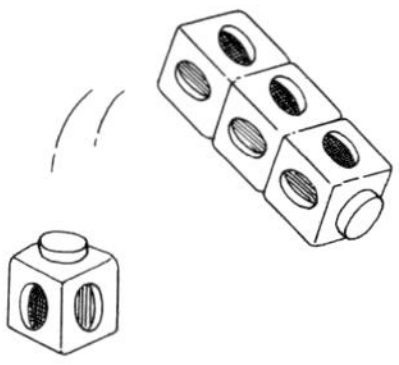

④

6	−	2	=	
6	−	5	=	
6	−	4	=	
5	−	2	=	
5	−	3	=	

5	−	4	=	
4	−	3	=	
4	−	1	=	
4	−	2	=	
3	−	2	=	

① Subtrahieren ②–③ Gleichungen zu den Steckwürfeln ergänzen bzw. aufschreiben, subtrahieren
④ Gleichungen lösen

© Persen Verlag GmbH, Horneburg

① 

6	–	5	=	
6	–	4	=	
6	–	3	=	
6	–	2	=	
6	–	1	=	

4	–	4	=	
4	–	3	=	
4	–	2	=	
4	–	1	=	
4	–	0	=	

②  Male die Lösungsfelder farbig aus.

5	–	2	=	
4	–	2	=	
6	–	2	=	
3	–	1	=	
5	–	0	=	

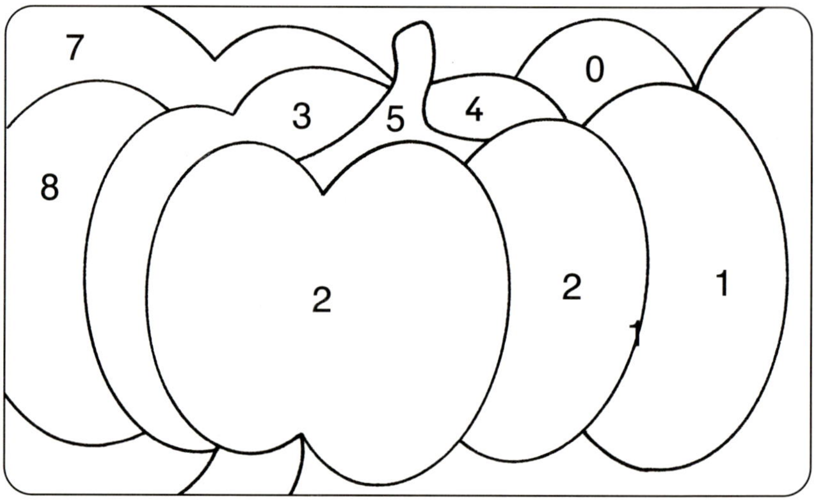

6	–	4	=	
4	–	3	=	
5	–	2	=	
5	–	0	=	
2	–	2	=	

①–② Subtrahieren, Lösungsluftballons bzw. Lösungsfelder anmalen

Ellen Müller: Lernvoraussetzungen für den Anfangsunterricht in Mathematik
© Persen Verlag GmbH, Horneburg

Minus- und Plusaufgaben (1)

①

4	–	4	=	
4	–	3	=	
4	–	2	=	
4	–	1	=	
4	–	0	=	

5	–	5	=	
5	–	4	=	
5	–	3	=	
5	–	2	=	
5	–	1	=	

② Welche Briefe gehören in den jeweiligen Kasten?

6 – 2 | 3 + 3 | 3 – 2 | 5 – 4

5 + 1 | 5 – 4 | 1 + 3 | 2 + 2

6 – 1 | 6 – 4 | 3 + 2 | 4 – 2

6 – 4 | 2 + 3 | 5 + 1 | 5 + 0

6 – 4 | 2 + 1 | 3 + 3 | 5 – 2

4 + 2 | 6 – 3 | 5 + 1 | 2 + 2

① Subtrahieren, Lösungslufballons anmalen
② Subtrahieren, Addieren, Briefumschläge nach Aufgabenstellung anmalen

© Persen Verlag GmbH, Horneburg

① Male die Aufgaben mit dem Ergebnis **3** an.

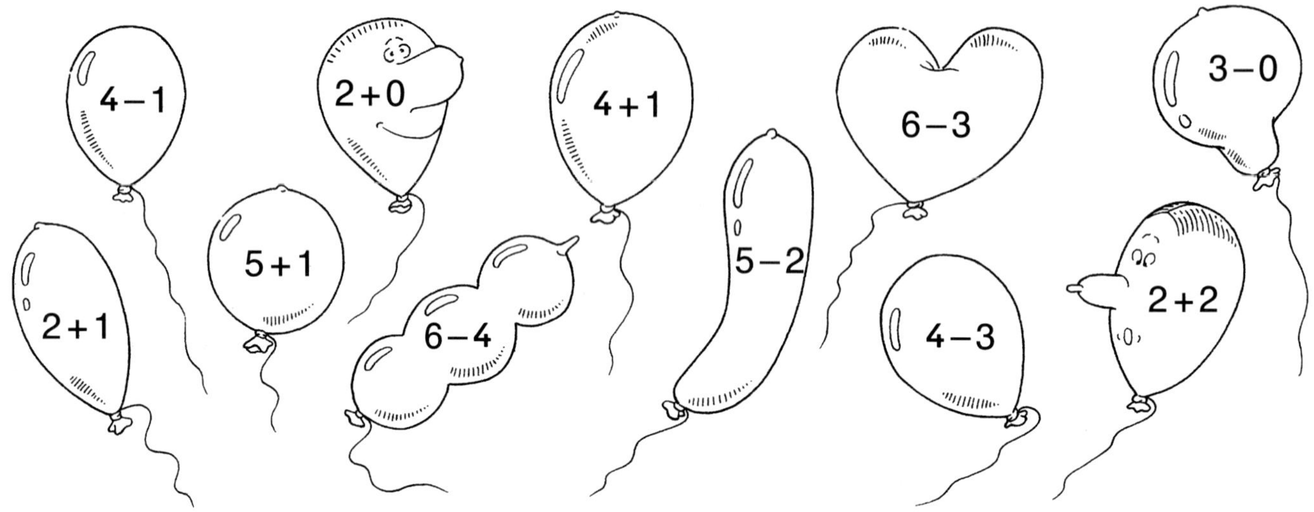

3

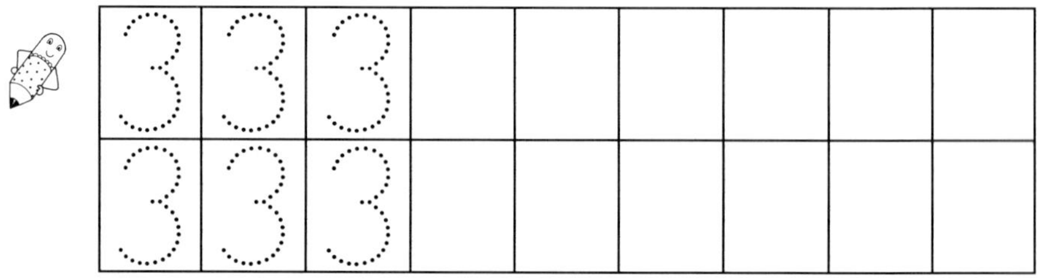

② Male die Aufgaben mit dem Ergebnis **2** an.

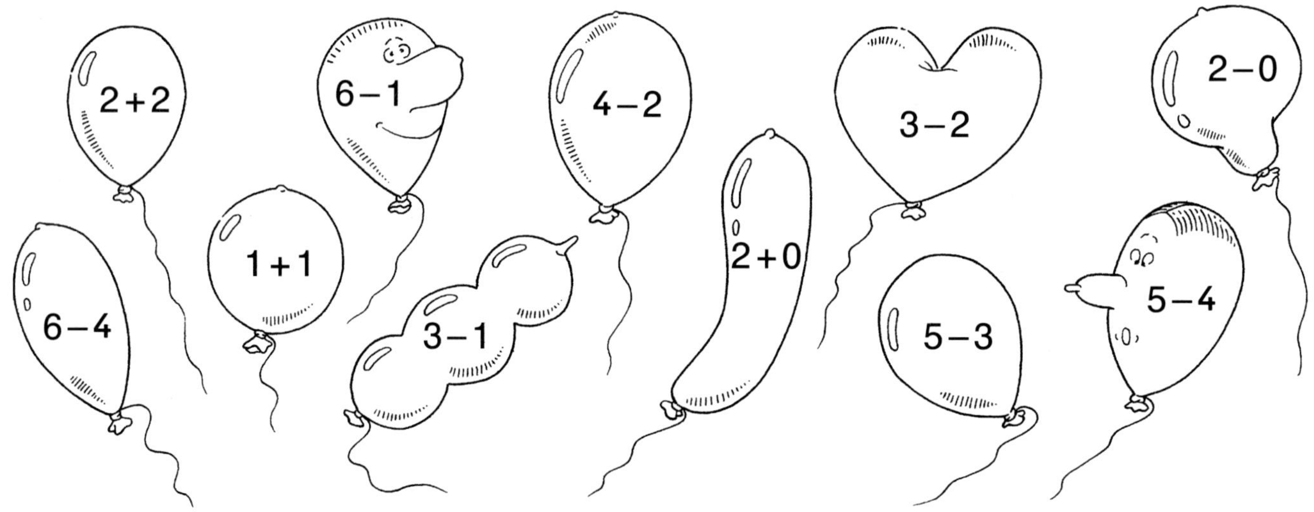

2

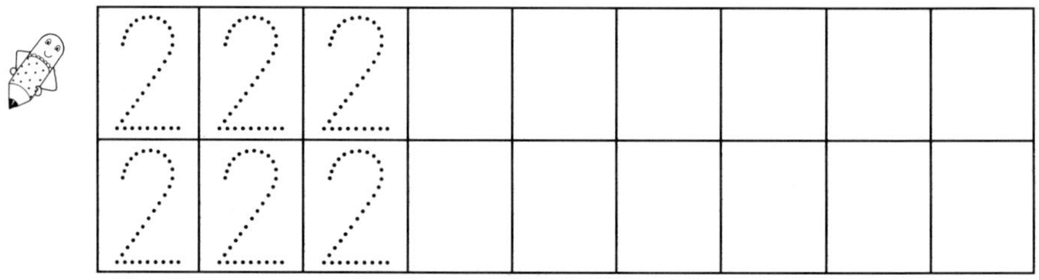

①–② Subtrahieren, Addieren, Lösungsluftballons nach Aufgabenstellung anmalen
Zahlen nachspuren und schreiben

Ellen Müller: Lernvoraussetzungen für den Anfangsunterricht in Mathematik
© Persen Verlag GmbH, Horneburg

Minus- und Plusaufgaben (3)

① Male die Aufgaben mit dem Ergebnis **4** an.

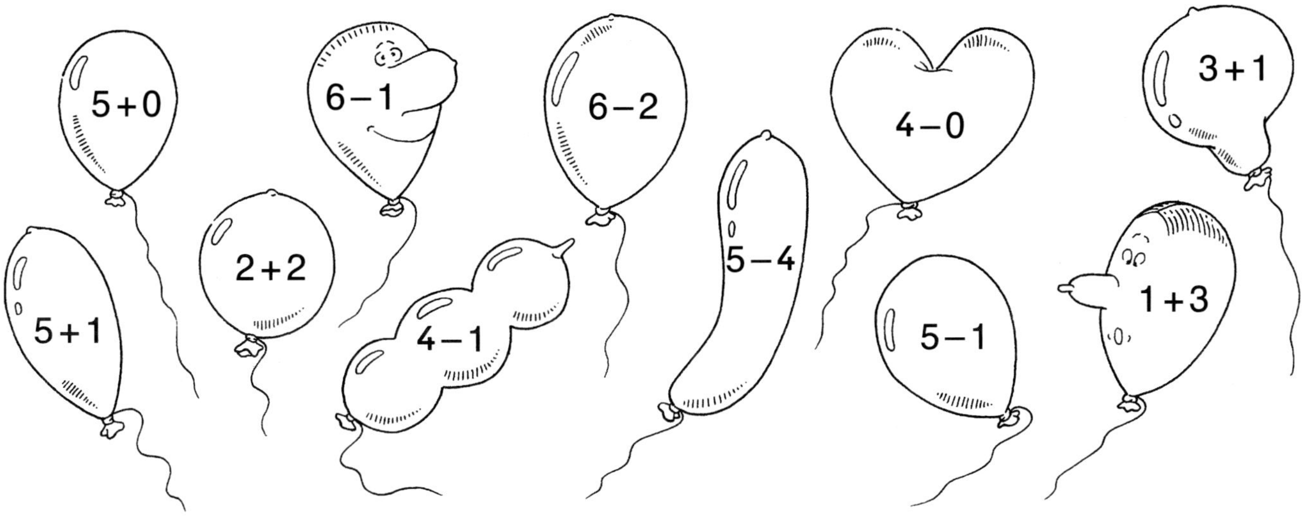

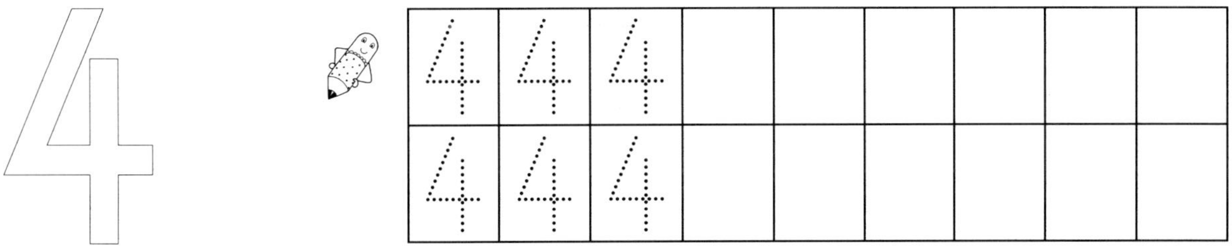

② Male die Aufgaben mit dem Ergebnis **5** an.

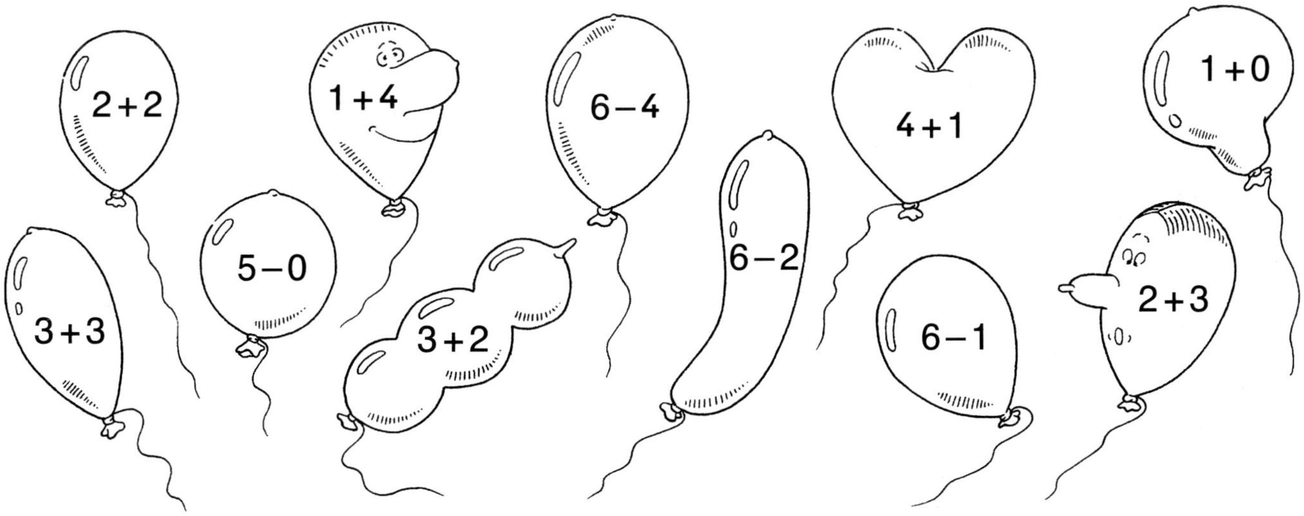

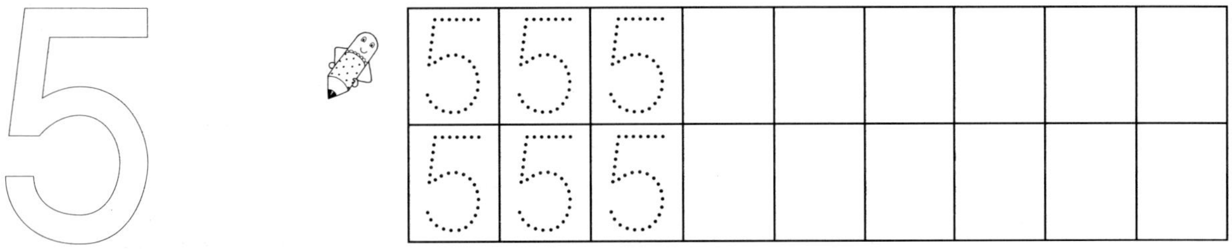

①–② Subtrahieren, Addieren, Lösungsluftballons nach Aufgabenstellung anmalen
Zahlen nachspuren und schreiben

© Persen Verlag GmbH, Horneburg

①

+ 1 →

4	5
3	
2	
1	

0	1	2	3	4	5	6

+ 2 →

4	6
3	
1	
2	

+ 3 →

1	
3	
0	
2	

+ 4 →

1	
0	
2	

②

0	1	2	3	4	5	6

$2 \xrightarrow{+2}$ ___ $1 \xrightarrow{+4}$ ___ $4 \xrightarrow{+2}$ ___

$5 \xrightarrow{+1}$ ___ $3 \xrightarrow{+3}$ ___ $2 \xrightarrow{+3}$ ___

①–② Operationsschreibweise: Addition auf dem Zahlenband

Ellen Müller: Lernvoraussetzungen für den Anfangsunterricht in Mathematik
© Persen Verlag GmbH, Horneburg

①

0	1	2	3	4	5	6

$\xrightarrow{-2}$

3	1
5	
6	
4	

$\xrightarrow{-1}$

5	
3	
6	
4	

$\xrightarrow{-3}$

5	
6	
4	
3	

②

0	1	2	3	4	5	6

$5 \xrightarrow{-2} \_\_$ $4 \xrightarrow{-3} \_\_$ $4 \xrightarrow{-1} \_\_$

$5 \xrightarrow{-5} \_\_$ $3 \xrightarrow{-3} \_\_$ $5 \xrightarrow{-4} \_\_$

③

0	1	2	3	4	5	6

$5 \xrightarrow{-3} \_\_$ $3 \xrightarrow{-2} \_\_$ $5 \xrightarrow{-4} \_\_$

$6 \xrightarrow{-2} \_\_$ $6 \xrightarrow{-4} \_\_$ $6 \xrightarrow{-5} \_\_$

①–② Operationsschreibweise: Subtraktion auf dem Zahlenband

© Persen Verlag GmbH, Horneburg

Minus und Plusaufgaben (4)

①

0	1	2	3	4	5	6

$\xrightarrow{-2}$

5	3
3	
6	
4	

$\xrightarrow{+2}$

4	
3	
1	
2	

$\xrightarrow{-1}$

5	
6	
2	
4	

②

0	1	2	3	4	5	6

$4 \xrightarrow{+2}$ ___ $1 \xrightarrow{+3}$ ___ $4 \xrightarrow{+1}$ ___

$1 \xrightarrow{+5}$ ___ $2 \xrightarrow{+3}$ ___ $2 \xrightarrow{+4}$ ___

③

0	1	2	3	4	5	6

$6 \xrightarrow{-4}$ ___ $3 \xrightarrow{-2}$ ___ $5 \xrightarrow{-3}$ ___

$3 \xrightarrow{-2}$ ___ $4 \xrightarrow{-1}$ ___ $2 \xrightarrow{-0}$ ___

①–② Operationsschreibweise: Addition, Subtraktion auf dem Zahlenband

Ellen Müller: Lernvoraussetzungen für den Anfangsunterricht in Mathematik
© Persen Verlag GmbH, Horneburg

Minusaufgaben

Schreibe die Aufgaben von der Tafel ab und rechne sie.

①									②								
③									④								
⑤									⑥								

Blankoseite für Gleichungen: Aufgaben von der Tafel abschreiben und lösen

© Persen Verlag GmbH, Horneburg

Teste dich!

① 5 − 3 = ☐	5 − 3 = 2	
② 3 − 2 = ☐	3 − 2 = 1	
③ 6 − 3 = ☐	6 − 3 = 3	
④ 4 − 2 = ☐	4 − 2 = 2	
⑤ 2 − 1 = ☐	2 − 1 = 1	
⑥ 3 − 1 = ☐	3 − 1 = 2	
⑦ 5 − 4 = ☐	5 − 4 = 1	
⑧ 6 − 1 = ☐	6 − 1 = 5	
⑨ 4 − 3 = ☐	4 − 3 = 1	
⑩ 5 − 2 = ☐	5 − 2 = 3	

① An der Strichpunktlinie knicken, Subtraktionsaufgaben lösen
② Lösungen vergleichen, bei richtiger Lösung Smiley gelb anmalen

© Persen Verlag GmbH, Horneburg

Bergedorfer® Kopiervorlagen und Unterrichtsideen für Ihren Unterricht

Sichere Orientierung im Reich der Zahlen!

Ellen Müller

Lernvoraussetzungen für den Anfangsunterricht in Mathematik

Band 1: Pränumerischer Bereich
Mit Kopiervorlagen
84 Seiten, DIN A4, kartoniert Best.-Nr. **3619**

Kreis und Viereck, mehr und weniger, lang und länger – wichtige **Begrifflichkeiten** und das sichere **Erfassen von Mengen** sind grundlegende Voraussetzungen für den Erfolg im Anfangsunterricht in Mathematik.
Der mathematische Lernprozess beginnt mit dem Begreifen – im wahrsten Sinne des Wortes mit den Händen – und führt von der **gegenständlichen zur abstrakten** Abbildung. So bauen auch die Arbeitsblätter aufeinander auf.
Zu jedem Schwerpunkt gibt es mehrere Kopiervorlagen, sodass die Sachverhalte nicht nur erarbeitet, sondern auch gefestigt werden. Würfelbildkarten, Zahlenlineal oder Handlungskarten zum Mengenvergleich – das Material aus dem Anhang ist ebenso in der Schulpraxis erprobt und bewährt wie die Arbeitsblätter.
Das Buch ist für **Kindergärten und Vorschulen** zu empfehlen sowie für **Eltern**, die ihre Kinder optimal auf den Schuleinstig vorbereiten möchten. Es eignet sich auch für Kinder, die in der **Förder- oder Grundschule** einen erhöhten Förderbedarf im Lernbereich Mathematik aufweisen.

Addition ohne Zehnerübergang

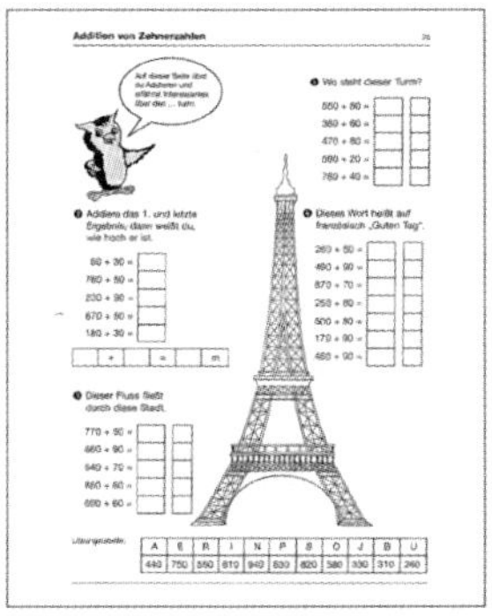

Ellen Müller

Zahlenaufbau bis 1000 in kleinen Schritten

64 Kopiervorlagen, DIN A4 Best.-Nr. **2382**

Schüler/-innen eine solide Orientierung im Zahlensystem zu geben – darum geht es in dieser Mappe.
Die schön gestalteten Arbeitsblätter eignen sich besonders gut als Differenzierungsmaterial in Grund- und Sonderschule.
Das Lernziel umfasst den Aufbau des Tausenders mit Zehnern, Hundertern und dreistelligen beliebigen Zahlen. Die Additions- und Subtraktionsübungen unterstützen das Erkennen von Zahlenbeziehungen im dreistelligen Zahlenraum, regen zu vielfältigen Rechenoperationen an und festigen die sichere Orientierung im neuen Zahlenraum.

Ellen Müller

Zahlenaufbau bis 100 in kleinen Schritten

68 Kopiervorlagen, DIN A4
Best.-Nr. **2381**

Es ist noch kein Meister vom Himmel gefallen! Gerade in Mathematik heißt es üben, üben, üben. Diese Mappe bietet Ihnen zahlreiche Aufgaben zu den Zehnerzahlen, Zahlenvergleichen u. v. m. In kleinen Schritten kommen auch langsamer lernende Schüler/-innen sicher voran. Durch die Arbeit mit Zahlenstrahl und Stellentafel wird ihnen das „Begreifen“ leicht gemacht. Geeignet ab dem 2. Schuljahr.

Bestellcoupon

Persen

Ja, bitte senden Sie mir/uns mit Rechnung

___ Expl. ______________________ Best.-Nr. ______
___ Expl. ______________________ Best.-Nr. ______
___ Expl. ______________________ Best.-Nr. ______
___ Expl. ______________________ Best.-Nr. ______

☐ Ja, bitte schicken Sie mir kostenlos Ihren aktuellen Gesamtkatalog zu.

Bestellen Sie bequem direkt bei uns!
Telefon: 0 41 63/81 40 40
Fax: 0 41 63/81 40 50
E-Mail: info@persen.de

Bitte kopieren und einsenden an:

Persen Verlag GmbH
Postfach 260
D-21637 Horneburg

Meine Anschrift lautet:

Name/Vorname

Straße

PLZ/Ort

Datum/Unterschrift

E-Mail

Rechenschwäche erkennen und wirksam behandeln!

Bergedorfer® Kopiervorlagen und Unterrichtsideen für Mathematik

Pränumerischer Bereich

Gerhard Goldau/Annemarie Kiehne-Fröhner

Einfaches Rechnen

Fünf Bände für die Sonderschule und den Förderunterricht in der Grundschule
54, 50, 58 bzw. 56 Kopiervorlagen, DIN A4

- **Band 1 – Pränumerischer Bereich** Best.-Nr. **2136**
- **Band 2 – Zahlenraum bis 3** Best.-Nr. **2137**
- **Band 3 – Zahlenraum bis 6** Best.-Nr. **2138**
- **Band 4 – Zahlenraum bis 12** Best.-Nr. **2139**
- **Band 5 – Zahlenraum bis 20** Best.-Nr. **2140**

Kinder behutsam in die Welt der Zahlen einzuführen ist (k)eine Kunst! Mit den Arbeitsblättern dieser Reihe erwerben **förderungsbedürftige Kinder** in Grund- und Sonderschulen die elementaren mathematischen Grundlagen garantiert. Die praxisorientierten Mappen enthalten viele Bildseiten, die jede Menge Spiel- und Sprechanlässe für die Auseinandersetzung mit mathematischen Inhalten bieten. Sie eignen sich besonders auch für **differenzierende Maßnahmen** und den Unterricht in **Integrationsklassen**.

Petra Scherer

Produktives Lernen für Kinder mit Lernschwächen: Fördern durch Fordern

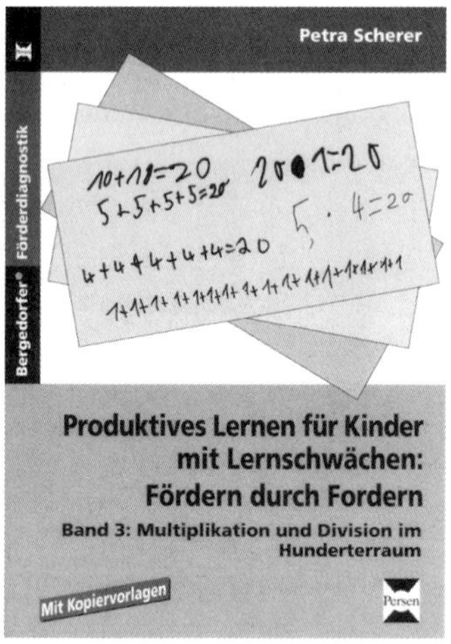

- **Band 1: Zwanzigerraum**
  Mit Kopiervorlagen
  248 Seiten, DIN A4, kartoniert Best.-Nr. **3857**
- **Band 2: Addition und Subtraktion im Hunderterraum**
  Mit Kopiervorlagen
  160 Seiten, DIN A4, kartoniert Best.-Nr. **3858**
- **Band 3: Multiplikation und Division im Hunderterraum**
  Mit Kopiervorlagen
  116 Seiten, DIN A4, kartoniert Best.-Nr. **3859**

Es gibt Kinder, die immer wieder Zahlen verdrehen, falsch aussprechen oder schreiben. Oft helfen nur mühsame Abzählstrategien um Zahlenmengen zu erfassen und Rechenaufgaben zu lösen …
Für diese Kinder bieten die vorliegenden Bände vielfältige Hilfen:

- Möglichkeiten einer **kompetenzorientierten Diagnostik** zu elementaren Fertigkeiten wie Lesen und Schreiben von Zahlen oder der Anzahlbestimmung.
  Darüber hinaus finden sich Testaufgaben für die Überprüfung der elementaren Operationen.
- **Lern- und Übungsangebote** für grundlegende Orientierungen im Hunderterraum anhand verschiedener Arbeitsmittel und Veranschaulichungen; Anregungen für einführende und vertiefende Übungen der Addition und Subtraktion sowie anwendungsorientierte Aktivitäten, insbesondere zum Größenbereich Geld.

Die vorgestellten Lern- und Übungsangebote motivieren ohne zu überfordern und ermöglichen an vielen Stellen Differenzierungen. Sowohl die diagnostischen Aufgaben als auch die Übungsangebote sind durch konkrete Erfahrungen und Schülerdokumente illustriert.

Bestellcoupon

Persen

Ja, bitte senden Sie mir/uns mit Rechnung

___ Expl. ________________ Best.-Nr. _____

___ Expl. ________________ Best.-Nr. _____

___ Expl. ________________ Best.-Nr. _____

___ Expl. ________________ Best.-Nr. _____

☐ Ja, bitte schicken Sie mir kostenlos Ihren aktuellen Gesamtkatalog zu.

Bestellen Sie bequem direkt bei uns!
Telefon: 0 41 63/81 40 40
Fax: 0 41 63/81 40 50
E-Mail: info@persen.de

Bitte kopieren und einsenden an:

Persen Verlag GmbH
Postfach 260
D-21637 Horneburg

Meine Anschrift lautet:

Name/Vorname

Straße

PLZ/Ort

Datum/Unterschrift

E-Mail